DR. BÄRBEL WARDETZKI

Narzissmus, Verführung und Macht

GOLDMANN
Lesen erleben

Buch

Warum sind Narzissten gerade jetzt so stark auf dem Vormarsch? Was macht diese Menschen so anziehend, dass sie so häufig in Machtpositionen zu finden sind? Was sind ihre herausstechenden Eigenschaften? Narzissmus-Expertin Dr. Bärbel Wardetzki analysiert, wie sie uns verführen – und was wir davon haben. Gerade in Krisenzeiten hat narzisstische Führung Hochkonjunktur. Sie punktet durch einfache Lösungen nach dem Motto: »Ich mache alles wieder gut, was die anderen bisher verbockt haben.« Allerdings werden die anfänglichen Versprechen nur selten gehalten. Die renommierte Psychotherapeutin schärft unser Verständnis für den »postfaktischen« Umgang mit der sogenannten »gefühlten Wahrheit«, wie er für Narzissten typisch ist. Sie zeigt, warum wir nur dann vor ihnen gefeit sind, wenn wir verstehen, was wir uns wirklich von ihnen erhoffen und welche narzisstischen Bedürfnisse sie für *uns* erfüllen sollen.

Autorin

Bärbel Wardetzki, geb. 1952, Diplom-Psychologin und Dr. phil., ist in München als Psychotherapeutin, Supervisorin und Coach tätig sowie Autorin erfolgreicher Bücher über Narzissmus, Kränkungen und Essstörungen. Bekannt wurde sie zudem durch ihre regelmäßige Präsenz in Funk und Fernsehen sowie ihre rege Vortragstätigkeit im In- und Ausland.
www.barbel-wardetzki.de

Dr. Bärbel Wardetzki

Narzissmus, Verführung und Macht

Was Narzissten ausmacht
und wie sie verführen

GOLDMANN

Alle Ratschläge in diesem Buch wurden von der Autorin
und vom Verlag sorgfältig erwogen und geprüft.
Eine Garantie kann dennoch nicht übernommen werden.
Eine Haftung der Autorin beziehungsweise des Verlags
und seiner Beauftragten für Personen-, Sach- und
Vermögensschäden ist daher ausgeschlossen.

Sollte diese Publikation Links auf Webseiten Dritter enthalten,
so übernehmen wir für deren Inhalte keine Haftung,
da wir uns diese nicht zu eigen machen, sondern lediglich auf
deren Stand zum Zeitpunkt der Erstveröffentlichung verweisen.

MIX
Papier aus verantwortungsvollen Quellen
FSC® C014496
FSC
www.fsc.org

Verlagsgruppe Random House FSC® N001967

1. Auflage
Vollständige Taschenbuchausgabe November 2018
Wilhelm Goldmann Verlag, München,
in der Verlagsgruppe Random House GmbH,
Neumarkter Str. 28, 81673 München

Umschlag: Uno Werbeagentur, München
Umschlagmotiv: FinePic®, München
Satz: Uhl + Massopust, Aalen
Druck und Bindung: GGP Media GmbH, Pößneck
Printed in Germany
KW · Herstellung: CB
ISBN 978-3-442-17774-5
www.goldmann-verlag.de

Besuchen Sie den Goldmann Verlag im Netz:

INHALT

EINSTIMMUNG INS THEMA

Narzissmus ist als Begriff in aller Munde, und »Narzissten« scheinen wie Pilze aus dem Boden zu schießen. Jede neue Wahl generiert wieder einen Menschen, der mit seiner narzisstischen Fassade glänzt und alle um den Finger wickelt. Was macht diese Menschen so anziehend, dass sie so häufig in Machtpositionen zu finden sind? Wie verführen sie uns, und was haben wir davon? Und welche möglichen Gefahren gehen von ihnen aus?

Diese Fragen stellen sich besonders in der heutigen Zeit, in der wir mit einem zunehmenden Rechtsruck und immer mehr Alleinherrschern konfrontiert sind. Aber auch soziale Beziehungen sind vermehrt narzisstisch geprägt, durch Egoismus und Bindungsprobleme. Viele Zweierbeziehungen starten mit narzisstischer Verführung und bekommen den Dreh nicht hin zu einer tragfähigen Bindung. Menschen scheitern an narzisstisch überzogenen Schönheits- und Leistungsansprüchen, was zu Essstörungen und Burn-out führt. Und soziale Medien verführen die Menschen, sich an Selfies zu berauschen und sich dadurch wichtig zu fühlen. Von der Ausbeutung der Daten und dem Missbrauch durch Fake News einmal ganz abgesehen. Negative Auswüchse des Narzissmus überall?!

Wie kann es sein, dass narzisstische Menschen trotzdem so oft in Führungspositionen zu finden sind, dass sie zum Kristallisationspunkt in Gesellschaften und zum begehrten Liebesobjekt werden? Weil Narzissmus auch Erfolg, Beliebtheit und Größe verspricht, und zwar erst recht in unserer Zeit, in der der Schein oft mehr gilt als das Sein und Glanz, Applaus, Macht und Karriere als hohe Werte angesehen werden. In den Momenten schließen wir uns gerne bewunderten Menschen an, weil deren Schein auch auf uns zurückfällt und unseren Selbstwert stärkt. Die Frage ist nur, wie hoch der Preis ist, den wir dafür zahlen, denn die anfänglichen Versprechen von narzisstischen Führern, Vorgesetzten oder Partnern werden nur sehr selten gehalten – und am Ende stehen wir mit leeren Händen da.

Fragen wir uns also, was wir von ihnen erhoffen, welche narzisstischen Bedürfnisse sie für uns erfüllen sollen. Wenn wir das wissen, müssen wir uns nicht unter ihre Macht begeben, sondern können autonomer und selbstbestimmter für uns sorgen und unser Leben nach unseren Vorstellungen und Wertmaßstäben ausrichten. Das aber bedeutet, Verantwortung zu übernehmen und nachzudenken. Allerdings sind viele Menschen aus den unterschiedlichsten Gründen nicht gewillt, das zu tun, sondern rennen lieber lauten politischen Parolen und leeren Versprechungen hinterher – was langfristig jedoch weder ihre materielle Not noch ihren seelischen Hunger stillt, dafür aber den Boden für Populismus bereitet. Und der ist ein wunderbares Spielfeld für »Narzissten«.

In diesem Buch geht es nicht nur um die Verführung durch narzisstische Führungspersonen, sondern auch um die Schattenseiten des Narzissmus, um Machtmissbrauch, Destruktivität, den Hang zum Autoritären, zur Kontrolle und Manipulation. All das löst Angst, Bedrohung und Verwirrung aus, die derzeit bei sehr vielen Menschen zu spüren sind. Überall herrscht Verunsicherung: »Wie geht es weiter? Wie können wir mit dieser Situation umgehen? Was können wir tun, dass wir uns wieder beruhigen?« Denn Angst ist weder ein guter Ratgeber noch die Lösung.

Meine Aussagen über Politiker und ihr Handeln basieren alle auf bereits veröffentlichten Berichten in Zeitschriften, Büchern, Internet und Fernsehen. An vielen Stellen habe ich Verweise auf die Quellen hinzugefügt.

Es geht mir in diesem Buch weder um Herrn Trump noch um eine politische Analyse, die ich lieber Fachleuten auf diesem Gebiet überlasse. Mir geht es um die Übertragung narzisstischer Merkmale und ihrer Implikationen auf gesellschaftliche und damit auch politische Szenarien. Und da sie bei Donald Trump besonders deutlich in Erscheinung treten, wird er oft zitiert. Das erfordert auch die Aktualität des Themas.

Ich möchte sensibilisieren für narzisstische Prozesse, um sie besser identifizieren zu können und ihnen dadurch Widerstand entgegenzubringen. Denn verführerisch, wie Narzissten sind, wickeln sie uns um den Finger, und wir lassen es zu, weil wir verführbar sind. Narzisstische Menschen sind eine Herausforderung für unser Selbstbewusstsein und die Auseinandersetzung mit eigenen narzisstischen Anteilen.

NARZISSMUS

1. Eine interessante Trias

Narzissmus, Verführung und Macht bilden eine interessante Trias.

Es ist modern geworden, narzisstisch zu sein, und nicht wenige schmücken sich stolz mit dem Label »Narzisst«. Es garantiert Aufmerksamkeit und steht für Erfolg, Karriere, Wohlstand und Macht. Narzisstische Strukturen in unserer Gesellschaft unterstützen die Entwicklung narzisstischer Auswüchse, aber auch umgekehrt: Je narzisstischer die Führung in Politik und Wirtschaft, umso hoffähiger wird narzisstisches Gebaren.

Verführung ist ein wesentlicher Teil narzisstischen Handelns und spielt eine große Rolle, wenn es um das Erreichen und den Erhalt von Macht geht. Narzisstische Beziehungen sind im Wesentlichen Macht-Beziehungen, die auf Kontrolle und Einfluss beruhen. Indem der »Narzisst« andere von sich abhängig macht, kann er selbst autonom bleiben und sie beherrschen.

»Narzissten« verführen andere und manipulieren sie in eine Richtung, in die sie sie haben wollen. Das passiert in privaten Freundschaftsbeziehungen ebenso wie in Liebesbeziehungen, aber auch Führungskräfte und Politiker wenden diese Taktik an.

Nun darf man das Kind nicht mit dem Bade ausschütten und alle mächtigen und einflussreichen Menschen als »Narzissten« verunglimpfen. Das sind sie natürlich nicht. Überhaupt ist der Begriff »Narzisst« sehr umstritten, weil er uns eine Erklärung für bestimmte Verhaltensweisen vorgaukelt, die bei Weitem nicht so eindeutig ist, wie wir sie gerne hätten. Mit dem Satz »Das ist ein Narzisst« scheint jeder zu wissen, was gemeint ist. Dahinter aber verschwindet der individuelle Mensch mit seinen seelischen Verletzungen, seinem Streben nach Selbstwert, seinen Kompetenzen und seinem Bemühen, sich und der Welt etwas zu beweisen. Daher gibt es »den Narzissten« eigentlich nicht, sondern »nur« konkrete Menschen mit individuellen Erfahrungen, aufgrund derer sie sich mithilfe von Macht und Verführung behaupten.[1] Narzisstischen Menschen ist der Zugang zu ihrer Identität auf eine Weise verstellt, dass sie gezwungen sind, nach außen eine grandiose Fassade aufzubauen, mit der sie sich identifizieren. Doch das, was sie nach außen zeigen, ist nur ein Bruchteil dessen, was sie als Person ausmacht. Sie selbst spüren das nicht, denn in ihrem Verständnis sind sie das, was sie darstellen. »Ich glänze, ziehe an, bewege, ängstige – also bin ich.«

Durch den Begriff »Narzisst« werden sie abgestempelt, negativ beurteilt und in eine Schublade gesteckt; aus diesem Grund verwende ich diese Bezeichnung auch nicht gerne. Und wenn, dann nur in Anführungs-

1 Siehe auch Eidenschink 2003, S. 6

zeichen. Lieber spreche ich von narzisstischen Strukturen, einem narzisstischen Stil oder narzisstischen Persönlichkeitsanteilen.

2. Was macht Narzissmus aus?

Zentrale Themen beim Narzissmus sind der Selbstwert und das Streben, diesen Wert mit allen Mitteln zu erhalten und zu erhöhen. Interessanterweise fallen narzisstische Menschen durch ihr übersteigertes Selbstwertgefühl auf; sie gebärden sich, als seien sie verliebt in ihre eigene Person. Doch das täuscht über ihre inneren Selbstzweifel und ihr instabiles Selbstwertsystem hinweg. Im Grunde haben sie Angst, nicht gut genug zu sein, weshalb sie immer die Besten sein müssen.

Kritische Reflexion oder die Auseinandersetzung mit Widersprüchen gelingt ihnen nicht, da sie dadurch mit dem Gefühl von Minderwertigkeit in Kontakt kämen; das müssen sie aber unter allen Umständen abwehren, denn es ist mit Vernichtungsangst und einer bodenlosen Verzweiflung verbunden.

»Hinter der prächtigen Fassade ist ein emotional verwahrlostes, verzweifeltes Kind, das nach Anerkennung und Spiegelung seiner wahren Identität hungert.«[2]

---

2 Wolf

Und dieses Kind muss in Schach gehalten werden, um als Erwachsener funktionieren zu können. Alles, was die Scheinidentität in Form der perfekten Fassade angreift, rührt an diese Verzweiflung. Kein Wunder, dass Kritik für sie zerstörerisch wirkt, aber auch fehlende oder nicht ausreichende Bewunderung kann die kindliche Not berühren.

Ihnen fehlt dadurch auch die Flexibilität, um mit Kränkungen und Zurückweisungen umzugehen. Sie reagieren in diesen Situationen nicht emotional ausgeglichen, sondern entweder depressiv oder mit überschießender Wut, mit Trotz und Gewalt. Diese Reaktionen zeigen, wie stark ein Mensch auf die Beachtung von außen angewiesen und wie sehr sein Selbst geschädigt ist.

In beruflichen Zusammenhängen sind narzisstische Menschen häufig erstaunlich erfolgreich und kompetent, ihre Probleme liegen besonders im Umgang mit Menschen und in nahen Beziehungen. Denn Unsicherheiten und Selbstzweifel können zwar hinter der perfekten Fassade versteckt werden, bleiben aber trotzdem erhalten und zeigen sich häufig in den Momenten, in denen jemand einem anderen Menschen emotional nahekommt. Deshalb meiden sie diese Situationen, indem sie sich über den anderen stellen und sich nicht wirklich auf ihn einlassen. In der Distanz können sie sich besser tarnen als in der Nähe.

Sie vermeiden jedoch nicht nur den Kontakt zu dem anderen, sondern auch zu sich selbst. Auf diese Weise bleiben sie sich immer fremd und wissen nicht, wer sie wirklich sind. Sie versuchen, dieses Defizit durch Erfolge, Statussymbole und die Wirkung auf andere zu kompensieren. Ohne all das sind sie niemand.

Da sie nie gelernt haben, ihr Selbstwertgefühl von innen zu regulieren, sind sie auf die Zuwendung von außen angewiesen. Nur über die Spiegelung durch den anderen erwerben sie sich einen Selbstwert, der jedoch in dem Moment zusammenbricht, in dem sie allein sind und keiner mehr applaudiert. Sie können sich nicht selbst loben, geschweige denn wirklich lieben, sondern brauchen dazu die Umgebung, deren Beachtung, Zuwendung und Anerkennung.

Im Gegensatz zu diesem defizitären Narzissmus gibt es auch den positiven Narzissmus im Sinne eines intakten Selbstwertgefühls.

»Der gesunde Narzissmus kennt zwar auch Schwankungen des Selbstwertgefühls, doch kann die Person zwischen den Polen Selbstkritik und Selbstzufriedenheit je nach Situation oszillieren (schwanken), ohne dabei in das Extrem der Selbsterniedrigung oder das der Selbstüberhöhung zu verfallen.«[3]

3 Bierhoff/Herner, S. 94

Menschen mit einem gesunden Narzissmus sind selbstbewusst, wissen um ihre Stärken und Schwächen und können sich selbst reflektieren. Das bedeutet, sie haben den Mut und die Kompetenz, das, was sie tun, und wer sie sind, infrage zu stellen und einer selbstkritischen Reflexion zu unterziehen. Auch gelingt es ihnen, auf kritische Kommentare von außen mehr oder weniger konstruktiv zu reagieren. Sie müssen sich nicht hinter einer bedeutenden narzisstischen Maske verstecken und überzeugen dennoch. Sie beziehen sich auf ihr Gegenüber, hören ihm zu und entwickeln echtes Interesse. Das Wesentliche an diesen Kontakten ist die Sicherheit und Wertschätzung, die man von ihnen erhält.

Selbstwertstarke Menschen können sich unterstützen, beruhigen und trösten, wenn sie aus der Bahn geworfen werden, und haben verlässliche Beziehungen, auf die sie bauen. Doch auch sie sind auf die Anerkennung von anderen angewiesen. Ohne liebevolle Zuwendung, Beachtung und Zugehörigkeit werden sie verkümmern oder sich depressiv zurückziehen. Allerdings besitzen sie die wunderbare Fähigkeit, die Liebe, Unterstützung und Anerkennung, die sie bekommen, zu speichern, sodass sie jederzeit auf sie zurückgreifen können, was Menschen mit einem defizitären Narzissmus nicht können. Diese sind wie ein Fass ohne Boden und daher auf die permanente Zufuhr von Bestätigung angewiesen.

Der Mensch ist ein Beziehungswesen und braucht

daher stabile, befriedigende Beziehungen, um Identität und Selbstwert zu entwickeln und zu erhalten. Insofern ist jeder Mensch narzisstisch, als er sich nicht der Abhängigkeit von anderen oder dem Wunsch nach Anerkennung entziehen kann. Wer sich aber wirklich wertschätzt, muss sich nicht erhöhen und anderen zeigen, wie toll er ist. Wer dies tut, hat ein narzisstisches Defizit, das durch eine optimale Selbstdarstellung kompensiert werden soll.

Narzissmus bewegt sich zwischen zwei Polen: dem gesunden Selbstwertgefühl einerseits und dem pathologischen malignen Narzissmus andererseits. Zwischen den beiden Extremen gibt es jede erdenkliche narzisstische Ausprägung. Dem malignen Narzissmus werden wir im Zusammenhang mit Machtmissbrauch häufiger begegnen. Er ist mit einer hohen Aggressivität, Destruktivität sowie antisozialen Zügen verbunden.

3. Ist die narzisstische Macht auf dem Vormarsch?

Am Tag nach der Wahl von Donald Trump zum Präsidenten der Vereinigten Staaten rief mich ein Radiosender an und bat mich um ein Interview zum Thema: Wie soll man mit diesem Mann umgehen, der so narzisstisch und unberechenbar ist?

Das war die Eine-Million-Dollar-Frage. Denn was wussten wir damals von ihm? Was konnten wir aus seinen Wahlkampfparolen für die Zukunft schließen? Und wie sollte man einen unberechenbaren Menschen einordnen können?

Die Psychologen streiten sich, welche Diagnose man ihm geben soll. Ist er nun eine narzisstische Persönlichkeit oder nicht? Und ist er sozio- oder psychopathisch? Oder sogar eine emotional instabile Persönlichkeit? Als könnte uns die Diagnose beruhigen und Sicherheit verschaffen in einer beunruhigenden Situation. Jemandem, den man nicht kennt, eine klinische Diagnose wie »narzisstische Persönlichkeit« zu geben ist im psychotherapeutischen Verständnis unseriös. Mich interessieren Diagnosen in diesem Buch auch nicht, sondern die Erscheinungsformen narzisstischen Verhaltens und Erlebens. Vieles davon kann man allerdings an der Person Donald Trump sehr gut beobachten.

Was wir mit großem Erstaunen und arger Beunruhigung wahrnehmen: Neben Trump besetzen viele andere Personen mit einem narzisstischen Auftreten so erfolgreich einflussreiche Ämter, und oftmals missbrauchen sie die Macht, die ihnen diese Positionen verleihen.

Man schaue beispielsweise in die Türkei, wo Staatspräsident Erdogan auf dem Weg zu einem Präsidial-System ist, das ihm die uneingeschränkte Macht gibt. Das Narzisstische daran sind die Selbstüberhöhung und die

Schwarz-Weiß-Malerei. Seine Größenfantasie lebt er im Personenkult und in der Rolle des Alleinherrschers aus. Die Menschen im Land teilt er in Gute und Böse, in Unterstützer und Gegner. Da von diesen Gefahr ausgeht, weil sie seine Macht untergraben oder zumindest beschränken wollen, lässt er sie reihenweise einsperren und verurteilen, unabhängig von ihrer juristischen Schuld. Dieselbe Spaltung hatten wir schon bei George W. Bush erlebt, der nach den Anschlägen vom 11. September 2001 die Welt in Verbündete und Schurkenstaaten einteilte, in diejenigen, die für ihn, und diejenigen, die gegen ihn waren.

In beiden Fällen lag eine außergewöhnliche Situation vor, die extremes politisches Handeln beider Regierungschefs auslöste. Narzisstische Führung hat gerade in Krisenzeiten Hochkonjunktur. Sie punktet durch einfache Lösungen und lässt uns glauben, dass es allein an der eigenen Person läge, die Dinge zurechtzurücken und die Gesellschaft, den Verein oder die Firma zu retten. Nach dem Motto »Ich mache alles wieder gut, was die anderen bisher verbockt haben«. Oder: »Ich nehme die Dinge selber in die Hand, keiner kann es besser als ich.« Sie verführen die Menschen dazu, ihnen zu glauben, ohne Rücksicht auf die Machbarkeit ihrer Versprechen. In der Notsituation sind sie der Strohhalm, an den sich die Anhänger klammern.

Donald Trump gebärdet sich, als sei er der Einzige, der Ahnung habe. Alle Präsidenten vor ihm waren nichts als Versager, die alles falsch gemacht haben. Nur er weiß, wie es richtig geht. Das ist gefährlich, weil er dadurch das Amt mit seiner Person gleichsetzt und einen Personenkult zelebriert. In seinen Augen ist er das Amt, und das Amt ist er, das heißt, es besteht keine Trennung mehr. Dadurch maßt er sich eine Macht an, die ihm nicht zusteht. Die Macht ist nämlich keine Eigenschaft der Person, sondern wird der Person durch die Position verliehen. Wer das übersieht, dem fehlt nicht nur die Würdigung des Amtes, sondern der läuft sogar Gefahr, das Amt zu beschädigen. Das tut Donald Trump beispielsweise dadurch, dass er die Arbeit seiner Vorgänger herabwürdigt und total entwertet.

Diese Haltung erinnert stark an den vermeintlichen Ausspruch des Sonnenkönigs, des absolutistischen Herrschers über Frankreich im 17. Jahrhundert: »Der Staat bin ich.« So manches aus seiner Geschichte findet sich nun in der Gegenwart des 21. Jahrhunderts. Man kann nur hoffen, dass sich nicht alles eins zu eins umsetzt:

»Ludwig XIV. gilt als klassischer Vertreter des höfischen Absolutismus. Er festigte die Macht der Krone durch den Ausbau der Verwaltung, die Bekämpfung der Opposition in Kreisen des Adels sowie durch die Förderung der französischen Wirtschaft. Die Hofkultur wurde ganz auf die Person des Herr-

schers zugeschnitten. Zum Symbol für dessen herausragende Stellung wurde sein prunkvolles Auftreten. Durch Ludwigs expansive und kriegerische Außenpolitik gewann Frankreich in Europa eine dominierende Stellung und etablierte seine Großmachtstellung.«[4]

Wenn Personenkult und grandiose Rettungsvorstellungen aufeinandertreffen, endet das in Großmachtfantasien des Anführers. Er setzt seine Vorstellungen um ohne Rücksicht auf die Freiheit, die Selbstbestimmung und die Bedürfnisse der Menschen. Schwindet allerdings der Rückhalt in der Bevölkerung, kann es zu Protest und Aufständen gegen den Mächtigen kommen. Die letzte Rettung ist dann das diktatorische Verhalten. Es kann aber auch der Fall eintreten, dass die Rettungsvorstellungen in sich zusammenfallen, weil sie nicht einlösbar sind oder nicht funktionieren. Dann werden die Erwartungen der Menschen enttäuscht, was eine tiefe Kränkungswut zur Folge hat, die sich in Gewalt und Widerstand äußert. Am Ende ist die Lage schlimmer als zu Beginn, denn in dem Führungsvakuum entsteht Raum für rechtsextreme Propaganda und autoritäre (Terror-) Regime. Auch Pegida und die AfD sind Folgen einer solchen Enttäuschung, denn trotz der Beteuerungen der etablierten Partien von sozialer Gerechtigkeit erleben

4 https://de.wikipedia.org/wiki/Ludwig XIV.

viele Menschen eine große Ungerechtigkeit: Die Reichen werden immer reicher, die Armen immer ärmer. Das treibt sie in die Arme der Populisten, die das anprangern und sich solidarisch erklären mit »dem Volk«.

4. Narzisstische Gesellschaft – eine narzisstische Epidemie?

Narzisstische Strukturen sind nicht nur auf Personen beschränkt, sondern sie zeichnen auch Organisationen, Familien und Gesellschaften aus. Und sie wirken ihrerseits auf die Menschen zurück und beeinflussen deren individuelle narzisstische Ausprägung. So besteht immer eine Wechselwirkung zwischen Individuum und Umgebung, beides bedingt sich gegenseitig.

Folgerichtig beeinflusst unsere Gesellschaft unsere narzisstischen Ausprägungen, wie auch wir der Gesellschaft ihren narzisstischen Charakter verleihen. Das gesellschaftliche System ist mehr als die Summe seiner Teile, also mehr als die Masse einzelner Bürger. Es schafft spezielle Bedingungen, unter denen wir leben und die unsere Einstellungen und Werte maßgeblich beeinflussen.

Unsere derzeitige Lebensrealität ist geprägt von hohem Konsumverhalten, Gewinnmaximierung, Selbstoptimierung und einer immer weiter fortschreitenden Digitalisierung. Wer hier nicht mithalten kann, weil er zu alt ist, zu wenig Geld hat oder sich dem damit verbundenen Druck nicht aussetzen will oder kann, der fühlt sich abgehängt und unwichtig. Viele finden ihre Nische in alternativen Lebenskonzepten, in deren Mittelpunkt Beziehungen und gegenseitige Unterstützung stehen. Schlimm genug, wenn diese Art des Umgangs als »alternativ« im Sinne von »ganz anders als der Mainstream« bezeichnet wird, denn dadurch entsteht eine Unvereinbarkeit: hier der Gemeinschaftssinn, dort das Streben nach individuellem Nutzen. Als würde sich beides unweigerlich ausschließen, wovon ich nicht überzeugt bin. Um beide Positionen zu verbinden, ist es notwendig, die narzisstische Ich-Bezogenheit bewusst zu machen und zu überwinden. Sie hat nämlich immer zum Ziel, den anderen zugunsten des eigenen Profits auszustechen. Diese Haltung steht diametral zum Gemeinsinn.

Der Eigennutzen ist seit Donald Trumps Amtsantritt das Credo: »America first«, egal wie die Konsequenzen aussehen. Wenn uns die Politiker die Ich-Bezogenheit vorleben, ist es kein Wunder, wenn auch die Gesellschaft egozentrisch handelt. »Ich zuerst, egal ob es dir schadet.« Auf diese Weise kann die Selbstsucht immer mehr Teil unseres Zusammenlebens werden, mit allen negativen Folgen für die Menschen und die Umwelt.

Schon jetzt leben wir unsere Selbstdarstellung und unsere Machtgelüste auf so vielen Schauplätzen aus wie nie zuvor. Wir stillen unsere narzisstischen Bedürfnisse durch unsere Präsenz in den sozialen Medien, teilen unsere Meinung der ganzen Welt mit, spielen uns in den Vordergrund und genießen es, gesehen zu werden. Das stärkt unsere Wichtigkeit, erhöht unsere Bedeutung und verschafft uns Einfluss. Wir überbieten uns im Netz mit unseren Kompetenzen, um unsere Einzigartigkeit zu demonstrieren. Durch die Menge der Follower oder »Freunde« werden wir gespiegelt als beliebt, wir werden »geliked«. »Wer ist die Beliebteste im ganzen Land?« Auch wenn das Netz Jugendlichen eine Entwicklungsplattform bietet und sozialen Kontakten dient, leistet es dennoch einem narzisstischen Kreisen um das eigene Ego Vorschub.

Das Phänomen des Narzissmus ist allerdings nicht neu, es hat ihn immer gegeben. Narzissmus ist ein Menschheitsthema, da wir seit Beginn der menschlichen Evolution mit Selbstwertverletzungen und deren Folgen konfrontiert werden. Auch die griechische Sage von Narziss ist bereits über 2000 Jahre alt. Dieser Narziss ist der Prototyp der heutigen »Narzissten« mit seiner Beziehungsunfähigkeit und seinem Nichtwissen um sich selbst, das ihn in die Selbstverliebtheit und schließlich in den Tod treibt.

Jede Kultur, jede Generation muss sich dem Narzissmus-Thema stellen und gibt ihm auf ihre eigene Weise Gestalt. Aber welche Form nimmt es heute an? In unserer Zeit wird Narzissmus regelrecht gesucht, er wird zur Lebensform und bestimmt den Zeitgeist.[5] Das ist sicher auch ein Grund, weshalb er sein Dasein als spezifische Krankheitsform immer mehr verliert und sich zur Beschreibung von Gesellschaftsprozessen ebenso eignet wie zur Charakterisierung von Menschen oder Systemen.

»Kennzeichnend für den narzisstischen Charakter sind das Maßlose und die ausbeuterische Haltung sich selbst, seiner sozialen und ökologischen Umwelt gegenüber. Wie viele moderne ›Menschenopfer‹ in Form von emotionaler Zerstörung bringen wir auf dem Altar der Anerkennung, Leistung und Karriere dar? Zwanghafter Perfektionismus, fassadenhafte körperliche Vollkommenheit und luxuriöse Lebensgewohnheiten sind die neuen ›goldenen Kälber‹, um die wir bis zur Erschöpfung tanzen.«[6]

Wir leben in einer narzisstisch geprägten Welt, in der Werte des Alles-Machbaren und des Besser-Seins vorherrschen. Unsere Gesellschaft ist gekennzeichnet durch die Widersprüchlichkeit von Sein und Schein. Hinter einer prächtigen Fassade materiellen Wachstums

5 Haller 2013
6 Stauss in Wardetzki 2007, S. 9

und Wohlstands verlieren wir den Bezug zur Innerlichkeit und Spiritualität. Es entsteht eine Entleerung, die wir mit immer mehr Gütern auszufüllen suchen, was jedoch nicht zu einer anhaltenden und dauerhaften Befriedigung führt. Wir bleiben hungrig und damit auch unzufrieden. Diese Unzufriedenheit ist wiederum die Triebfeder für noch mehr Leistung und Anstrengung. Ein Teufelskreis.

Es wird sogar von einer sich etablierenden narzisstischen Epidemie gesprochen, »die wie eine Seuche oder Virusepidemie die Bevölkerung schwächt und zerstört«.[7] Vor allem ein verwöhnender Erziehungsstil sei dafür verantwortlich, dass immer mehr Menschen eine narzisstische Störung ausbilden. Allerdings spielen auch die Gier nach Berühmtheit, die von den Medien noch geschürt wird, die vermehrte Selbstdarstellung im Internet und die permanente Verfügbarkeit von Geld in Form von Kreditkarten bei der Ausprägung narzisstischer Haltungen eine große Rolle. Die Menschen landen dadurch in einer Scheinwelt, an der sich die Realität nicht messen kann. Die Schattenseite sind Schulden, Versagensgefühle, überzogene Ansprüche und Selbsttäuschung.

Und dennoch ist Narzissmus eine sehr einfallsreiche Form der psychischen Abwehr, um das Selbstbild zu schützen und den Selbstwert zu stärken – vielleicht so-

7 Twenge und Campbell 2009

gar die beste. Denn sie passt gut in die heutige Zeit mit ihrer Zentrierung auf Erfolg und das Gefühl, es geschafft zu haben. Und mit ihrer Orientierung an Idealen.

5. Das ideale Bild

Menschen laufen idealen Bildern von sich hinterher, so wie Narziss in der Sage. Er kennt nur das eigene schöne Antlitz, mit dem er sich identifiziert hat. Dieses schöne, selbstverliebte Bild, das nach Perfektion, ewiger Schönheit und Macht strebt. Narziss ist für alles andere blind und nur auf dieses Bild fixiert. Darüber zerstört er seine Beziehungen, kann weder lieben noch sich lieben lassen, sondern sich nur selbstverliebt verzehren. Übertragen auf die heutige Situation heißt das: Das Streben nach dem schönen Selbstbild wird für »Narzissten« zum Inhalt ihres Lebens und zur wesentlichen Quelle für ihren Selbstwert.

Mithilfe des perfekten Bildes des mächtigen Mannes oder der schönen Frau holen sie sich die narzisstische Zufuhr, die sie für den Selbsterhalt brauchen. Getoppt wird das Ideal, wenn sich der mächtige Mann mit der schönen Frau schmückt, wie wir es bei Paaren wie den Trumps sehen. Davon haben beide einen enormen Selbstwert-Zuwachs.

Um das schöne Bild zu erhalten, müssen narzisstische

Menschen überhöhte Ansprüche erfüllen, was ihnen aber im Grunde nie völlig gelingt: Wer beispielsweise Macht hat, will noch mehr davon und sie ewig behalten. Wer Geld anhäuft, will immer mehr und möchte sich darin baden wie Dagobert Duck, der auch den Schnabel nicht voll genug bekommt. Wer schön ist, muss der oder die Schönste sein und sich entsprechend operieren lassen. Diese Menschen sind nie zufrieden mit dem, wie sie sind, denn sie könnten ja noch optimaler sein. Oder sie sind unzufrieden mit dem, was sie haben, denn es könnte ja noch mehr sein. Die Erfüllung narzisstischer Ideale führt daher zu keiner anhaltenden Befriedigung. Die Illusion, durch noch mehr Macht, Geld oder Schönheit glücklich zu werden, zerplatzt wie eine Seifenblase.

Glück und Zufriedenheit finden wir in unserem Inneren. Das Verfolgen narzisstischer Ideale und perfekter Bilder kann Spaß machen und ein Motivator für unser Handeln sein, wenn wir uns daran freuen und dadurch Kraft und Kreativität entwickeln. Werden sie aber zu einer Soll-Norm, die unbedingt erfüllt werden muss, bleibt nur die Enttäuschung, denn irgendwann enden jede Macht und jede Schönheit. Mitunter sind die narzisstischen Ideale auch so hoch gesteckt, dass sie gar nicht erreicht werden können, z. B. immer perfekt oder immer am erfolgreichsten zu sein. Das ist nicht erfüllbar, denn Menschen sind nicht perfekt, und es gibt immer andere, die noch besser und kompetenter sind. Wer kein anderes Bild von sich hat, das ihm Kraft gibt, um die eigene Begrenztheit anzuerkennen, wird möglicherweise an dem Schmerz der erlebten Kränkung zerbrechen, so wie Narziss. Ihm blieb nur der Freitod, weil es ihm nicht gelang, sein Ideal zu erreichen. Er sah zwar im Teich dieses wunderschöne Antlitz, das er war, aber er konnte nur nach ihm greifen, zu fassen bekam er es nicht. Es blieb für ihn immer unerreichbar.

Narzisstische Menschen laufen aber nicht nur ihrem eigenen idealen Bild hinterher, sondern suchen es auch in ihrer Umgebung und in anderen Menschen. Sie stellen an sie dieselben Ansprüche nach Perfektion, Größe, Bedeutung und Ansehen wie an sich selbst. Weichen sie davon ab, werden sie als minderwertig verhöhnt oder ignoriert.

6. »Ich mach mir die Welt …«

… wie sie mir gefällt.« Das Lied kennen Sie, es ist der Slogan von Pippi Langstrumpf. Pippi konnte niemand aufhalten oder »domestizieren«. Sie tat das, was narzisstische Menschen besonders gut können, nämlich sich die Welt nach ihrem Bild zu gestalten.

Pippi ist der Prototyp einer grandios narzisstischen Person, für die gilt: 2 x 3 = 4, das heißt, die Wahrheit ist also biegbar, gerade so, wie sie ins System passt. Für ihre übermächtigen Kräfte und die Unabhängigkeit von jeglichen Konventionen wird sie bekämpft und geliebt. Der Gewinn ist ihre Sonderstellung und damit verbunden ihre Freiheit von allen Zwängen. Der Preis ist jedoch die Einsamkeit durch das Anderssein. So wie in dieser Kindergeschichte erleben wir narzisstische Menschen auch in der Realität.

Die narzisstische Welt ist eine ganz eigene, in der es weniger um die anderen Menschen geht. Was zählt, ist einzig der eigene Plan, der rigoros umgesetzt wird.

Dazu gehört, Tatsachen so zu verdrehen oder zu leugnen, dass sie ins System passen. »Was interessiert mich mein Geschwätz von gestern, wenn es mir heute nicht mehr nützt?« Dann wird eben die Gegenbehauptung aufgestellt und dementiert, das Gegenteil jemals gesagt zu haben. Heute gilt: 2 x 3 = 4, und morgen = 6, und wenn nötig übermorgen = 8. Die Flexibilität ist grenzenlos. Der Umgang mit einem solchen Menschen erinnert an den Versuch, einen Fisch mit den Händen zu fangen. Fast unmöglich, er glitscht immer wieder weg, entzieht sich permanent und ist nicht festzulegen. Verlässlichkeit in der Beziehung ist damit nicht zu erreichen. Ein solches Verhalten verunsichert das Gegenüber, weil es sich nicht als ebenbürtig fühlen kann. Im Gegenteil, man muss permanent auf der Hut sein, wie sich der »Narzisst« gerade verhält, und damit die Aufmerksamkeit immer auf ihn richten. Damit erreicht er genau das, was er sucht: die permanente Beachtung.

Sich die Welt nach seinem Bild zu erschaffen bedeutet aber nicht nur, Sachverhalte so zu interpretieren, dass sie dem eigenen Vorteil dienen, sondern auch die Menschen für den persönlichen Nutzen zu funktionalisieren. Sie werden auf ihre Rolle als Claqueure reduziert, um dem »Narzissten« Achtung und Geltung zu verleihen und sein Selbstbild zu bestätigen. Sie werden ausgebeutet für dessen Selbstwertbedürfnisse, ihre Wünsche dagegen bleiben unberücksichtigt, denn die haben keine Bedeutung in der narzisstischen Welt. Außer man greift sie auf, um mit ihnen beispielsweise Wahlen zu gewinnen. Aber auch dann geht es nicht wirklich um die Bedürfnisse der anderen, sondern sie dienen lediglich dem eigenen Zweck.

In der Welt, wie sie den »Narzissten« gefällt, umgeben sie sich mit Menschen, die ihnen ähneln oder die genauso sind wie sie. Das gibt ihnen ein Gefühl von Vertrautheit. Indem sie die Dinge genauso sehen und dieselbe Meinung vertreten, fühlen sich narzisstische Menschen positiv gespiegelt und bestätigt. Dagegen löst jemand, der ganz anders ist, Unsicherheit aus, da der »Narzisst« nicht vorhersehen kann, wie dieser Mensch reagieren wird. Ihn zu kontrollieren wird dann viel schwieriger oder sogar unmöglich.

Als Trump seine Minister auswählte, konnten wir erleben, wie das funktioniert. Sein Kabinett besteht aus Männern, die so sind wie er: weiß, reich, erzkonservativ und ohne politische Erfahrung, sogenannte »Donaldchen«[8]. Alle anderen wären eine mögliche Gefahr für ihn, denn leicht zu kränken, wie er ist, könnten die Stärken eines politisch erfahrenen Kollegen seine eigene Kompetenz schmälern. Das würde sein Selbstwertgefühl nicht aushalten. Eine Ausnahme macht sein Vizepräsident Mike Pence, der als Gouverneur und Kongressabgeordneter zum alten Establishment gehört. Ihn wählte er aus, weil er seinen politischen Einfluss braucht, um die extrem konservativen Kräfte in der Partei einzubinden und eine Brücke zum Kongress zu schlagen.[9] Was seine Minister angeht, vertreten sie teilweise andere Meinungen als er. Bei ihrer Anhörung im Senat haben sie sich gegen Folter und für die Nato ausgesprochen. Wird Trump das akzeptieren? Oder wird er versuchen, sie auf seine Seite zu ziehen?

Da narzisstische Menschen all jene um sich scharen, die ihnen ähnlich sind, haben sie bald nur noch Ja-Sager um sich versammelt, die sie ausnahmslos bestätigen. Es fehlt dann das Korrektiv, denn keiner traut sich, Einspruch zu erheben oder eine Gegenposition einzu-

8 Stefan Kornelius, *SZ* vom 17.2.2017
9 Hubert Wezel, *SZ* vom 9.2.2017

nehmen. Das Risiko, abgelehnt, an den Pranger gestellt oder sogar gefeuert zu werden, ist zu groß. Dieser Umstand hat schon manche Unternehmen in den Ruin getrieben und könnte auch in Amerika zu einer großen Gefahr werden. Trump könnte verführt sein, sich zum unfehlbaren Helden zu stilisieren, und in seiner Grandiosität die eigenen Grenzen missachten, wenn niemand da ist, der seinem Verhalten Einhalt gebietet.

Seine Minister sind aber zugleich erfolgreiche und bewunderte Generäle und Banker, die durch ihre Leistungen Trumps eigene Größe aufwerten. Nach seiner Aussage suchte er sich die Besten aus, weil ihm nur die Besten gut genug sind. »Narzissten« neigen dazu, sich im Licht der anderen zu sonnen und sich mit ihnen zu schmücken. Sie werfen mit Namen bekannter Personen um sich und brüsten sich mit der Nähe zu ihnen. Stehen sie selbst jedoch schon an der Spitze, gibt es kaum jemanden, durch den sie noch mehr an Bedeutung gewinnen könnten. Dann bleibt ihnen nur noch die Gottähnlichkeit.

7. Egozentrisch und unempathisch

Die Welt der »Narzissten« dreht sich nur um sie selbst. Auch wenn sie verantwortungsvolle Posten innehaben, ein Unternehmen führen oder an der Regierungsmacht sind, versuchen sie in erster Linie, ihre eigenen Interessen durchzusetzen. Die Anliegen der anderen sind für sie zweitrangig. Im Grunde handeln sie nach einem Plan, der lediglich ihren Namen trägt.

Viele nennen sie egoistisch, aber im Grunde sind sie egozentrisch. Ein gesunder Egoismus führt nämlich dazu, dass jemand auch an sich denkt, für sich sorgt und seine Bedürfnisse befriedigt. Das macht ihn zufrieden und zu einem angenehmen Zeitgenossen. Egozentrismus dagegen bedeutet, es gibt nichts außer dem eigenen Imperium, um das man kreist. Die anderen sind lediglich dazu da, dieses Imperium zu stützen und aufrechtzuerhalten.

Worauf sich das egozentrische Streben richtet, kann ganz unterschiedlich sein: immer mehr Geld, Macht oder Ruhm anzuhäufen, die höchsten Berge zu besteigen, die meisten Medaillen bei Wettkämpfen zu gewinnen etc. Das eigentliche Ziel ist ziemlich egal, denn das gesamte Handeln wird ihm untergeordnet.

Egozentriker verfolgen ihre Ziele ohne Rücksicht auf die anderen, deren Interessen ihnen gar nicht in den Sinn kommen. Oft haben sie gar kein Gefühl für ihre Mitmenschen, haben keine Ahnung, wie es sich anfühlt, sich in einen anderen hineinzuversetzen, Empathie zu entwickeln oder in die eigenen Entscheidungen auch die Wünsche und Bedürfnisse der anderen mit einzubeziehen. Sie sind so in ihrer Welt verhaftet, dass dafür kein Platz ist. Dieser extreme Mangel an Einfühlung richtet viel Unheil an, sobald diese Menschen andere führen sollen. Wenn sie nicht die Interessen und das Wohl der anderen berücksichtigen, fühlen sich diese übersehen und reagieren gekränkt. Entweder werden sie sich von dem Egozentriker trennen oder ihn anschwärzen und versuchen, ihn zu Fall zu bringen.

Narzisstische Menschen sind dennoch häufig empathisch, und zwar dann, wenn sie jemanden zu etwas verführen wollen. Das heißt, sie können sich in den anderen sehr wohl einfühlen, weil sie fremde Erwartungen extrem gut wahrnehmen können, tun es aber nur, um ihr Ziel zu erreichen.

8. Was macht »Narzissten« so anziehend?

Egozentrisch, ausbeuterisch, beziehungs- und liebesunfähig, machtgeil: Das sind alles keine sympathischen Eigenschaften, die man den »Narzissten« zuschreibt. Und trotzdem sind viele narzisstische Menschen so anziehend und begehrt, erfolgreich und charismatisch. Wie kommt das?

Eine mögliche Antwort auf diese Frage ist: Wir bewundern »Narzissten«, weil sie Dinge tun, die wir uns nicht trauen. Und noch etwas haben sie uns voraus. Sie sind Menschenfänger, weil sie schnell und gut Kontakt herstellen können und andere in ihren Bann ziehen. Sie verführen uns, ihnen auf den Leim zu gehen.

Mit ihrer Eloquenz begeistern sie ihr Gegenüber, auch jene, die ihnen ansonsten kritisch gegenüberstehen. Da sie häufig sehr intelligent sind, ist es auch spannend, ihnen zuzuhören. Oder sie locken mit einfachen Parolen, die so laut verbreitet werden, dass man sie zwangsläufig hören muss. Zum anderen schaffen sie es, sich immer ins beste Licht zu stellen und so aufzutreten, dass sie auffallen. Ihre Grandiosität beschert ihnen eine große Anhängerschaft und eine Schar von Bewunderern. Es macht Spaß, ihnen zu folgen und in ihrem Sog mitgezogen zu werden, denn das verspricht Glanz und Sieg. Sie verstecken sich nicht in der Ecke, sondern präsentieren sich und stehen immer in der ersten Reihe. Sie bewegen Dinge, weil sie zupacken und nicht lange zögern. Sie trauen sich zu, der mächtigste Mann der Welt zu werden, auch wenn ihnen die speziellen Kompetenzen dazu fehlen. Sie tragen häufig zu große Schuhe, in die sie manchmal auch im Lauf der Zeit nicht hineinwachsen, aber sie sind mutig.

Und wer wäre all das nicht auch gerne? Wichtig, bedeutend, im Mittelpunkt stehend und mit Bewunderung überhäuft? Grandios narzisstische Menschen ziehen besonders jene an, die das nicht besitzen, aber gerne so wären. »Narzissten« werden zur Projektionsfläche für all die unerfüllten Sehnsüchte der Feigen, Ängstlichen, Vergessenen, Abgehängten. Durch die Identifikation mit der narzisstischen Grandiosität des Gegenübers bekommen auch diejenigen Bedeutung, die sich bedeutungslos fühlen. Licht fällt ebenso auf sie und stärkt ihren Selbstwert. Sie fühlen sich verstanden und gehört und merken nicht, dass es im Wesentlichen nicht um sie geht, sondern in erster Linie um den Triumph der »Narzissten«, um deren Bewunderung, sozialen Erfolg und Beliebtheit.

VERFÜHRUNG

9. Verführer verschenken Träume

Menschen verführen uns, indem sie unseren Selbstwert ansprechen, uns Bedeutung verleihen und unser Selbstbild aufpolieren. Verführung kann in allen Beziehungen auftreten. Beim Kennenlernen verführen Männer und Frauen einander, indem sie flirten, Komplimente austauschen und ihre Reize zur Schau stellen. Sie spiegeln sich gegenseitig in ihren positivsten Seiten und erhöhen damit ihre Attraktivität. Kinder verführen mit großen Augen und herzerweichendem Betteln, doch noch etwas länger aufbleiben zu dürfen. Wenn sie die Mutter rumkriegen, sind sie stolz und können den Sieg ihren Fähigkeiten zuschreiben. Politiker verführen uns durch ihre Wahlversprechen, um unsere Stimme zu bekommen. Und wir hoffen, dass sie ihre Möglichkeiten zu unserem Wohl einsetzen.

Zu jeder Verführung gehört immer ein Gegenüber, das verführt wird oder sich verführen lässt. Die Wirkung der Verführung kann nie vorhergesagt werden, denn sie hängt sowohl von der Situation als auch von der Bedürfnislage der verführten Personen ab. Der Gewinn für die Verführten ist immer eine Bestätigung ihres Wertes und ihrer Wichtigkeit durch den Verführer. Daher sind sie bereit, sich auf Versprechungen und Beziehungen einzulassen, die sie selbst vielleicht nie suchen würden. Aber auch die Verführer stärken ihren Selbstwert, wenn es ihnen gelingt, jemanden zu verleiten, etwas zu tun, was sie von ihm möchten. Das macht mächtig und überlegen.

Das Charakteristikum der Verführung ist per definitionem: jemanden zur Hingabe zu bewegen, das heißt, eine Person gewaltlos so zu manipulieren, dass sie etwas tut, was sie eigentlich nicht wollte[10] oder nicht vorhatte zu tun. Aus diesem Grund ist Verführung immer auch Machtausübung über den anderen.

Zur Hingabe werden wir bewegt, wenn jemand um unsere Gunst buhlt, uns aufwertet und unser Selbstbild stärkt. Je mehr wir auf diese Form der Selbstwertbestätigung angewiesen sind, umso eher lassen wir uns verführen. Diese Neigung nutzen beispielsweise die sogenannten Pick-up-Artists, die mit manipulativen Methoden Frauen sexuell erobern wollen. Oder Heiratsschwindler, die Frauen dazu bringen, ihnen Zuneigung und Geld zu schenken. Jede Frau hätte vor einer solchen Begegnung felsenfest geschworen, nie auf so jemanden reinzufallen. »Kann mir doch nicht passieren.« Doch die angewandten Tricks sind so geschickt und die Freude über die erhaltenen Komplimente und Blumensträuße, über Zuwendung und Bestätigung als Frau ist

10 Siehe Wikipedia

so groß, dass die Betrugsmasche zieht. In diesem Sinn verschenken Verführer Träume, die der Wirklichkeit nicht standhalten.

»Sicherlich war er auch narzisstisch veranlagt. Die Komplimente, die von ihm kamen, fielen mir zwar auf, und manche fand ich überzogen – und trotzdem, ich fühlte mich geschmeichelt«, erzählte mir eine Frau, die die Träume real werden lassen wollte.

Verführung beginnt dort, wo Menschen davon überzeugt sind, dass sie gemeint seien, und deshalb dem anderen bedingungslos glauben. Sie fallen auf Versprechungen und Schmeicheleien herein, weil sie den Verführer beim Wort nehmen. Endlich jemand, der sie versteht, der sich für sie interessiert und sich für sie einsetzt.

Und manchmal gehen sie sogar darauf ein, obwohl sie wissen, dass man sie verführt. Sie glauben ihrem Gegenüber seine Versprechungen, weil sie sie glauben wollen. Dieser Irrglaube ist aus der Not geboren, weil sie Selbstbestätigung oder soziale Sicherheit suchen. Je notwendiger solche Versprechungen für sie sind, umso weniger hören sie auf ihre Zweifel. Das heißt, je mehr sie hoffen, dass ihre Situation durch den anderen besser wird, umso gutgläubiger werden sie. Sie unterscheiden dann nicht mehr, welche Versprechen realistisch sind und welche nicht. Auch nehmen sie sich keine

Zeit, um sie auf ihren Wahrheitsgehalt hin zu überprüfen. Stattdessen beschönigen sie die Aussagen des anderen, halten sie für die einzige Wahrheit und ignorieren kritische Stimmen von außen.

Bei der Wahl von Donald Trump konnte man das sehr gut beobachten. Er versprach Dinge, von denen sich viele entweder gar nicht realisieren lassen oder zumindest nicht in der Absolutheit, wie z. B. die hohe Mauer an der Grenze zu Mexiko, deren Bau die Mexikaner auch noch selbst bezahlen sollen. Oder seine Haltung zu Freihandelsabkommen, deren Aufkündigung zu enormen politischen Verwerfungen führen kann. Doch diese kritischen Tatsachen wurden von den Wählern gar nicht wahrgenommen, ausgeblendet oder als Verleumdung der Gegner abgetan. Wichtig war nur, dass er versprach, Arbeitsplätze zu schaffen und die Wirtschaft anzukurbeln. Mit welchen Mitteln er das umsetzen wollte, interessierte sie nicht. Die Not derer, die ihre Jobs verloren und die keine Hoffnung auf Veränderung mehr haben, war so groß, dass sie seinen Versprechungen glaubten und jedwede kritische Äußerung ignorierten. Ihre Verzweiflung war so groß, dass sie ihn idealisierten, um trotz seiner verbalen Entgleisungen und sexistischen Aussprüche an ihm festzuhalten.

Dieselbe Dynamik wirkte auch beim Brexit. Alle Beteuerungen, nach dem Ausstieg würde es für alle viel besser werden, klangen so verlockend, dass niemand auf die Warnungen hörte. Heute müssen die Briten die Folgen ausbaden.

10. Narzisstische Verführung

Verführen im Zusammenhang mit narzisstischen Persönlichkeiten bedeutet: »Ich nehme dich hinein in meine Grandiosität, verspreche dir Glückseligkeit durch die Erhöhung deines Selbstwerts und die Erfüllung deiner narzisstischen Bedürfnisse. Dafür verzichtest du auf deine Selbstbestimmung, dein Anderssein, deine Lebendigkeit und deine Unabhängigkeit.« Die Verführung beruht auf einem Handel, bei dem der Verführer etwas gibt, beispielsweise Liebe, Sicherheit, Anerkennung und Beachtung, wofür er aber eine Gegenleistung fordert. Allerdings wird diese nicht ausgesprochen, aber dennoch eingefordert. Der Handel führt direkt in einen goldenen Käfig, vor dessen Tür die eigene Individualität abgelegt werden muss. Das heißt im Klartext: Der Gewinn der Verführung ist die Befriedigung narzisstischer Bedürfnisse, der Preis die Unterwerfung und Abhängigkeit.

Übertragen auf die gesellschaftliche Situation würde das bedeuten, dass wir unsere Selbstbestimmung einbüßen, sobald wir der Verführung durch politische Parolen erliegen, wenn Einspruchsrechte und Kritik nicht vorgesehen sind. Nach dem perfiden Verführungsmotto:

zähmen, unterwerfen, gefügig machen. Dadurch kommen wir in die unterlegene Position, während der andere uns überlegen ist. Dieses Gefälle soll uns binden. Die Botschaft lautet: Ihr bekommt nur soziale Sicherheit, Arbeitsplatzgarantie, Wohlstand, wenn ihr mich unterstützt und auf meiner Seite seid. Demokratisch ist das nicht.

Diese Technik wendet beispielsweise auch der IS an, um Anhänger und Kämpfer zu rekrutieren, die entweder nach Syrien einreisen oder in Europa Anschläge verüben. In dem Film »Der Himmel wird warten« wird eindrücklich gezeigt, wie ein Anwerber über Facebook die Bekanntschaft mit einer jungen Frau macht und deren emotionale Bedürfnislage für seine Zwecke ausnutzt. Er vermittelt die Art von Zuwendung und Verständnis, die ihr fehlt, und macht sie auf diese Weise von sich abhängig. Durch seine Zuwendung fühlt sie sich gesehen und verstanden, aufgewertet und ernst genommen. Daraus resultiert ihre Idealisierung dieses Mannes, und dies führt so weit, dass sie sich radikalisiert.

Eine spezielle Verführungstechnik ist die Mischung aus Komplimenten und Beleidigungen, wie es Donald Trump mit den Geheimdiensten tut. Auf der einen Seite kanzelt er sie ab, beschimpft und bekämpft sie, auf der anderen Seite lobt er ihre Arbeit und Wichtigkeit. Man könnte fragen: Was gilt denn nun? Darauf gibt es aber keine Antwort, weil diese Methode dann nicht mehr funktionieren würde. So behält Trump den Trumpf in der Hand und ist der, der die Strippen zieht und die Regeln bestimmt. Damit stärkt er seine Position und sichert sich nach allen Seiten ab. Und er schwächt seine Widersacher, indem er schon bei einem neuen Thema oder einer neuen Behauptung ist, die anderen aber noch an der ersten knabbern und sich überlegen, wie sie reagieren sollen. Diese Unvorhersehbarkeit von Trumps Reaktionen laugt aus, weil sie sehr viel Aufmerksamkeit beansprucht und zu keinem konkreten Ergebnis führt.

Eine weitere Variante narzisstischer Verführung besteht in der Demonstration von Show, Prunk, Pomp und exzentrischen Auftritten. Nichts ist normal, alles ist übertrieben: der Nimbus des Größten, Gottgleichen, der Reichtum in Form von Besitz und Vermögen und das übertriebene Auftreten. Narzisstische Menschen sprechen nicht, sie dozieren und belehren. Sie gestikulieren, um das Gesagte zu unterstreichen und sich den Anschein zu geben, die einzige Wahrheit zu verkünden. Das alles ist bewundernswert und schüchtert zugleich ein. Und es lenkt von den Inhalten ab, die nicht hinterfragt werden sollen. Genau das bezwecken »Narzissten«, weil Menschen dadurch gut zu gängeln sind. Unterwürfigkeit und Bewunderung machen Menschen zu ängstlichen Anhängern, die auf den Glanz und die Versprechen hereinfallen, statt sich damit auseinanderzusetzen und den Betrug durch die Verführung aufzudecken.

11. Verführte Kinder – verführende Erwachsene

Die Verführung ist ein genialer, für das Gegenüber allerdings unangenehmer Schachzug, weil es sich nicht wehren kann und damit unter die Kontrolle der »Narzissten« gerät.

Genau das erleben Menschen in ihrer Kindheit, die später eine narzisstische Struktur entwickeln. Schon früh müssen diese Kinder ein Bild bedienen, das die Umwelt, sprich die Familie, von ihnen gezeichnet hat. Sie sind konfrontiert mit Erwartungen, die bestimmen, wie sie zu sein haben, ohne Rücksicht darauf, ob es ihnen entspricht oder nicht. »Du bist mein liebes Kind und ich liebe dich, wenn du so bist, wie ich dich haben will und brauche.« Der Auftrag, sich passend zu machen, indem sie so werden, dass die Umwelt zufrieden ist, wird verpackt in das Versprechen auf Liebe. Eine perfide Form der Verführung, die im Grunde bedeutet: »Ich liebe dich nur, wenn du meinen Erwartungen entsprichst und meine narzisstischen Bedürfnisse erfüllst. Dann bist du mir willkommen und hast deinen Platz in der Familie.« Hier wird die Verführung zur Ausbeutung, weil das Kind die narzisstischen Bedürfnisse der Eltern erfüllen soll. Das ist aber weder seine Aufgabe noch seine Verantwortung. Im Gegenteil: Die Eltern müssen für das Wohlbefinden des Kindes sorgen und nicht umgekehrt.

Narzisstische Erwachsene waren Kinder, die sehr sensibel auf die Erwartungen der Umgebung reagierten und sie erfüllten. Sie lebten ein Leben auf Kosten ihrer Individualität, sozusagen ein falsches Leben, denn das Bild, das sie bedienten, entsprach oft gar nicht ihrer persönlichen Eigenart. Sie zahlten aber diesen Preis, um zu überleben, um dazuzugehören, um beachtet, anerkannt und geliebt zu werden.

Die ersten Beziehungserfahrungen machen wir in der Familie, und sie bilden die Beziehungsmatrix für das spätere Leben. Für narzisstische Menschen beruhen Beziehungen immer auf Ausbeutung und Verführung. So wie sie selbst verführt wurden, verführen sie nun andere und formen sie nach ihrem Bild. Wer dem entspricht, gewinnt ihre Zuneigung; wer davon abweicht, dem machen sie klar, dass er nicht mehr dazugehört. Hier zeigt sich wieder die Schwarz-Weiß-Welt des Narzissmus: »Entweder du bist für mich oder gegen mich! Um zu mir zu gehören, musst du so sein, wie ich dich brauche.«

12. Charisma und Führung

Im Zusammenhang mit dem Thema Verführung taucht automatisch der Begriff Charisma auf, denn das wesentliche Merkmal eines Charismatikers ist seine Fähigkeit, durch Begeisterung zu verführen.

Charismatiker besitzen eine einzigartige Ausstrahlung und ein selbstbewusstes Auftreten, das sie aus der Masse heraushebt und andere verzaubert. Indem sie Menschen in ihren Bann ziehen, steigen ihre Wichtigkeit und Macht, was sich in einem selbstbewussten Verhalten zeigt. Charisma hilft bei der Auswahl für eine Führungsposition und dient hervorragend dazu, das Selbstwertgefühl zu stärken. Auch physisch wird Charisma sichtbar an einer starken Mimik, am strahlenden Aussehen, aber natürlich auch an der Überzeugungskraft und einem imposanten Ausdrucksverhalten. Die Stimme moduliert Betonungen entsprechend der Bedeutung der Aussagen, und sie wird noch mit effektvollen Gesten untermauert. Alles ist auf Wirkung angelegt, um die Aufmerksamkeit des Gegenübers zu fesseln. In diesem Zusammenhang sind die narzisstischen Manöver von großem Nutzen: Eloquenz, Selbstinszenierung, demonstratives Selbstvertrauen, sich in den Mittelpunkt zu stellen und Wichtigkeit zu signalisieren, das sind perfekte Zutaten für ein Charisma.

Allerdings entwickelt sich Charisma sehr häufig auch aus einer gewachsenen inneren Stärke und Überzeugungskraft und nicht nur aus narzisstischen Manövern. Der Unterschied ist deutlich zu sehen, wenn man Trump und Obama vergleicht: Während Trump ein narzisstisch-polterndes Charisma verstreut, das auf Einschüchterung und Effekten beruht, zeigte es sich bei

Obama eher in Form einer ruhigen Überlegenheit und einer Sicherheit gebenden Verlässlichkeit.

Charisma ist aber nicht nur eine individuelle Eigenschaft, sondern hängt auch von der Stellung ab, die jemand innehat, und von den Bewunderern, die ihm Charisma verleihen. Demnach ist Charisma ebenso wie Verführung ein interaktives Geschehen. Keiner kann in einer Gruppe oder Gesellschaft charismatisch auftreten, wenn er nicht von den anderen als charismatisch verehrt wird. Häufig sind Enttäuschungen oder Hoffnungen die Motivation, sich für einen charismatischen Führer zu begeistern.

Charismatiker eignen sich hervorragend als Retter aus Notlagen, als Visionäre, als Helden und Heilsversprecher. Besonders in Krisenzeiten wird ihnen die Fähigkeit zugeschrieben, Dinge zum Guten zu wenden und ihre Anhänger zu retten. In dieser Funktion stehen beispielsweise Trump und Erdogan und werden daher zu Präsidenten gewählt. Ihnen werden außergewöhnliche Fähigkeiten zugeschrieben, mit deren Hilfe sie Stärke vermitteln und die Ängste der Bevölkerung lindern, denn die verunsicherten Menschen brauchen einen möglichst großartigen Anführer als Halt. Eine solche Zuschreibung bekam Obama seinerzeit auch. Er wurde zum Heilsbringer und Friedensstifter nach einer Zeit der kriegerischen Auseinandersetzungen. Durch den Friedensnobelpreis wurde diese Rolle institutionalisiert. Und dennoch verlor er im Lauf seiner Amtszeit immer mehr Anhänger und einen Großteil seines Charismas. Charisma muss nämlich stetig erneuert werden, weil es im Wesentlichen eine Anfangserscheinung ist, die sich in der Alltäglichkeit verliert. Darüber hinaus müssen die Taten des Helden der Gemeinschaft dienen, sonst verliert er die Gefolgschaft, und die anfängliche Idealisierung schlägt in Entwertung um. Der Sturz des Helden ist dann vorprogrammiert. Wenn die anderen nicht mehr an ihren Führer glauben, verliert er die Macht, wird abgewählt oder gestürzt.

Viele Führungspersonen in Politik oder Wirtschaft verbergen hinter ihrem charismatischen Auftreten eine narzisstische Struktur. Gerade Führungspositionen bieten sich dafür an, narzisstische Defizite mithilfe der zugeteilten Macht und der Idealisierung durch die Geführten auszugleichen. Besser kann das Selbstwertgefühl nicht stabilisiert werden als durch eine bedeutende Rolle, die man nicht nur selbst wählt, sondern die einem noch dazu von anderen zugesprochen wird. Anerkennung und Bewunderung sind einem sicher.

Menschen mit einem positiven Narzissmus und einem guten Selbstwertgefühl sind nicht gezwungen, ihr Charisma vorrangig zur narzisstischen Stabilisierung und für eigene Interessen einzusetzen, sondern sie tun es für das Gemeinwohl. Der selbstlose Einsatz von Mutter Teresa für die Armen, Obdachlosen, Kranken und Sterbenden oder der gewaltfreie Kampf von Mahatma Gandhi gegen Unterdrückung, Rassentrennung und soziale Ungerechtigkeit diente in erster Linie dem Wohl der anderen und nicht der Durchsetzung individueller Machtbedürfnisse. Kein Wunder, dass beide Personen mit dem Friedensnobelpreis ausgezeichnet wurden. Ihr Charisma und ihren Einfluss setzten sie für ihre altruistischen Ziele und den Frieden ein.

Im Gegensatz dazu stehen die negativen Auswirkungen vieler Diktatoren, deren Machtbesessenheit nicht selten in Krieg, Unterdrückung, Verfolgung der Gegner und Bespitzelung der Bürger endet. Das zeigt, wie stark die destruktive Kraft narzisstischer Machtinteressen sein kann.

Das Perfide ist, dass diese destruktive narzisstische Dynamik im Gewand des verführerischen, charismatischen Anführers so schwer zu erkennen ist – manchmal sogar erst, wenn es schon zu spät ist. Das sollten wir uns vor Augen führen, wenn wir nicht Gefahr laufen wollen, in eine Katastrophe zu rutschen.

13. Ideen- und Krieger-Charisma

Neben dem personellen Charisma gibt es auch ein Charisma der Ideen, Ideologien und Praktiken. Hierbei werden eine bestimmte Weltanschauung, Einstellung und das dazugehörige Verhalten als charismatisch erlebt. Wie wir wissen, kann man Menschen mit bestimmten Ideologien verführen bis hin zum »totalen Krieg«. Die Menschen ergeben sich der gemeinsamen Ideologie und ernennen einen Führer als Vorkämpfer für die gemeinsame Sache.

»Auch in bewaffneten oder terroristischen Gruppierungen spielt das Charisma von Ideen oft eine zentrale Rolle bei der Mobilisierung von Kämpfern und bei der Legitimierung des gewaltsamen Vorgehens.«[11]

Die Beteiligten identifizieren sich mit dem Gedankengut und verkörpern es im wahrsten Sinne des Wortes. Nicht nur die Verführung spielt dabei eine große Rolle, sondern auch die Macht, die ihnen dadurch verliehen wird, dass sie einer bestimmten Gruppe wie beispielsweise dem sogenannten Islamischen Staat (IS) angehören. Beides speist ihre grandiosen Vorstellungen von sich als Teil einer Bewegung, die Angst und Panik auslöst. Auf diese Weise erheben sie sich über die »normalen« Bürger, definieren sich als die einzig wahren Gläubigen und entwerten alle anderen als gottlos. Im Grunde entziehen sie den Menschen ihre Existenzberechtigung, sei es nun religiös untermauert oder nicht. Hier zeigt sich die revolutionierende Wirkung von charismatischen Ideologien auf die Anhänger und auf ihre

11 Zit. nach Bliesemann de Guevara/Reiber, S. 19

Bewertungs-, Denk- und Handlungsschemata. So können aus unauffälligen Menschen brutale Terroristen werden.

Eng damit verbunden ist das Charisma des Kriegers, der beweist, dass er Risiken bewältigen kann, was vorher keiner für möglich gehalten hätte. Ihm werden Unverwundbarkeit zugeschrieben, man setzt auf seine militärischen Erfolge, sein Geschick, seinen Mut und seine Gewaltbereitschaft. Er ist sozusagen der Vorkämpfer, dem sich die Anhänger bedingungslos anschließen. So, wie sie die Gruppe idealisieren, so setzen sie auch den Anführer auf ein hohes Ross, was ihm Macht und Bewunderung einbringt und seine narzisstische Grandiosität aufbläht. Auf diese Weise werden Diktatoren gemacht, wie wir später sehen werden.

MACHT

14. Die Sehnsucht nach dem »starken Mann«

In der Sehnsucht nach einem starken Führer spiegelt sich das Bedürfnis nach Orientierung und Halt, unterstützt von regressiv-kindlichen Wünschen nach dem starken Vater. Das bedeutet, dass man sich gern unter seine Führung begibt, so wie Kinder, die sich beim Vater sicher fühlen, der alles kann und weiß und für sie sorgt.

Immerhin wünschen sich 11 Prozent der deutschen Wähler jemanden, der mit starker Hand regiert.[12] Eine starke Führungsperson übernimmt Verantwortung und fällt Entscheidungen, die im besten Fall der gesamten Gruppe dienen. Sie wird zum potenziellen Retter,[13] was die Geführten entlastet und das Vertrauen in die Führung fördert.

Stammen die Geführten aus einer konservativ-autoritären Gesellschaft, wie sie beispielsweise in der Türkei anzutreffen ist, dann kennen sie es nicht anders, als dass der Vater das Sagen hat und sich alle ihm unterordnen müssen. Dann leben sie diese kindliche Erfahrung in der Gegenwart weiter. Wenn ein solcher Vater nicht zur Stelle war, dann soll der starke Führer dieses Bedürfnis stillen. In beiden Varianten ist die Unterwer-

12 Decker/Kiess/Brähler, »Mitte«-Studie Uni Leipzig 2016
13 Siehe Schreyögg, »Charismatiker und ihre Nachfolger«

fung vorprogrammiert. Und das unabhängig davon, ob es sich um einen weisen oder um einen destruktiven Führer handelt. Wenn er es nämlich erst einmal geschafft hat, seine Führerschaft zu etablieren, kann er sich viel erlauben. Ebenso wie Kinder auch einem gewalttätigen Vater solidarisch verbunden bleiben, solange sie sich von ihm abhängig fühlen, tun es auch die Erwachsenen.

Die Chance, zu einem starken Führer zu werden, beginnt schon vor seiner Regierungszeit, denn er muss zuerst gewählt werden. Entscheidend ist dabei seine Fähigkeit, den Wählern das Gefühl zu vermitteln, dass er »einer von ihnen ist«, weil er entweder selbst aus armen Verhältnissen kommt oder durch andere Verhaltensweisen seine Volksnähe dokumentiert. Erdogan beispielsweise ist einer, der die Armut kennt, Fußball spielt, was in der Türkei von großer Bedeutung ist, und sich als konservativ-religiöser Familienvater darstellt.[14] Er spricht die Sprache des Volkes und gibt sich als Vater der Nation. Mit diesen Schachzügen überwindet er die Kluft zwischen »denen da oben und denen da unten« und erwirbt sich Vertrauen, worauf seine Macht aufbaut. Noch dazu hob er zu Beginn seiner Amtszeit durch Reformen den Lebensstandard der Menschen. Er ist der Mann, der Gutes tut. Und er wurde zum Mythos

14 Dokumentation | ZDFzeit – Mensch Erdogan! vom 13.12.2016

stilisiert, als er zu einer Haftstrafe verurteilt wurde, weil er ein militant-religiöses Gedicht öffentlich rezitierte. All das macht ihn zum »anfassbaren« Regenten.

Doch die Macht vergiftet ihn sukzessive. Seine Machtbesessenheit führt dazu, dass er immer autoritärer und aggressiver wird. Seine Ausbrüche sind legendär und einschüchternd, und seine Kritikbereitschaft sinkt gegen null. Jeder, der nicht auf seiner Linie liegt, muss Vergeltung befürchten. Er ist in höchstem Maße für Kränkungen anfällig und nimmt sogar Satire persönlich. Zugleich liebt ihn das Volk umso mehr, je härter er durchgreift und je aggressiver er auftritt. Sie bejubeln ihn für seine Stärke, sehen in ihm das Bollwerk gegen die extremistischen Attentäter und hoffen, dass er das Chaos in den Griff bekommen könne. Entscheidungen trifft er nur noch allein, er fordert totalen Gehorsam, lässt alle Gegner einsperren und mundtot machen. Jeden Angriff gegen sich wehrt er ab und dreht den Spieß um. Schuld sind die anderen, nicht er und seine AKP. Alles Gute aber, jeden Erfolg schreibt er sich zu, alle Fehler den anderen. Auf diese Weise bleibt er unbescholten. Auch das unrechtmäßige Vorgehen nach dem Putsch, das bis heute andauert, begründet er mit der Gefahr, die von seinen Gegnern ausgehe. Wie bei allen Mächtigen steigen im Laufe der Zeit seine Paranoia und seine Angst. Er schützt sich durch die Eliminierung der Gegner ebenso wie durch bunkerartige Räume in seinem Palast, die ihn unverletzlich gegen Bomben, Strahlen und andere Angriffe von außen machen. Steigendes Misstrauen und Realitätsverlust sind die Folge. Und sein Volk folgt ihm und legitimiert seine Macht, indem es ihm zujubelt.

15. Diktatoren oder maligner Narzissmus

Zu Diktatoren fallen einem gleich mehrere Namen ein: Putin, Erdogan, Kaczyński, aber auch schon verstorbene wie Hitler, Stalin, Pol Pot oder Mao. Sie alle verbindet ein Größenwahn, der sie nach der Alleinherrschaft streben lässt, verbunden mit Gewaltausübung, einer pathologischen Selbstliebe und der Unterwerfung des Volkes. Diktatoren wird ein sogenannter maligner Narzissmus nachgesagt, der über ein erträgliches Maß an narzisstischen Ausprägungen weit hinausgeht. Er ist gepaart mit antisozialem Verhalten, einem hochgradigen Aggressionspotenzial und einer ausgeprägten misstrauisch-paranoiden Haltung. Menschen mit einem malignen Narzissmus gelten als bösartig, hungrig nach Macht und Reichtum; sie sind ausgestattet mit einem hohen Maß an Neid und einem massiven Defizit an Einfühlungsvermögen.[15]

15 Siehe Haller, S. 103 ff.

In Aussagen und im Verhalten von Donald Trump finden sich viele Hinweise auf ein malignes Aggressionspotenzial: sein Hass gegen die freie Presse, sein Ja zur Folter, seine Zerstörungswut gegenüber der bestehenden Gesellschaftsordnung und seine Geringschätzung der Menschenrechte.

Trump wurde sogar mit Mao verglichen, da auch er mit der Politik für die Massen die Elite verdrängen will. Ihre Übereinstimmungen klingen wie folgt: »Zwei erratische (unberechenbare) machthungrige Egomanen mit zutiefst autoritären Zügen, die nicht bloß die althergebrachte Ordnung stürzen wollen, sondern dabei auch gleich das Establishment in der eigenen Partei mit Zorn und Wucht beiseitefegen. Zwei für Verschwörungstheorien und rhetorischen Bombast anfällige Demagogen, die die Nation in das Volk (die ehrlichen Arbeiter und Bauern) und die Feinde (das verhasste Establishment) einteilen und die dann die einen mit Hasspropaganda und Lügen auf die anderen hetzen. Beide Männer teilen einen Hang zum polemischen Exzess und zur fremdenfeindlichen Paranoia … Wie Trump regierte Mao sprunghaft und unberechenbar, wie dieser verfolgte er echte und eingebildete Gegner mit gnadenloser Rachsucht … Am Ende hinterließ Mao ein ruiniertes Land und ein gebrochenes Volk.«[16]

---

16 Strittmatter, *SZ* vom 26.1.2017

Trump selbst sieht sich eher wie Putin als starken Mann oder besser noch als den besten Präsidenten aller Zeiten, der auf die unbedingte Loyalität und die gezielte Beeinflussung der Massen setzt. Diese Haltung macht ihn, wie alle Autokraten, unerreichbar für Korrekturen und Veränderungen seiner Überzeugungen.

Die maligne narzisstische Macht wird schamlos ausgenutzt. Sie tritt vorwiegend als Gewalt in Erscheinung und bedient sich verschiedenster Mittel: Einschüchterung, Drohungen, Entwertungen, Schuldzuschreibungen und des Fehlens von Dialogbereitschaft. Stattdessen wird der andere in Grund und Boden geredet. Die Gewalt zeigt sich auch in Launenhaftigkeit und Unberechenbarkeit, und sie verhindert, dass die anderen sich orientieren und einstellen können. Denn was heute gilt, kann morgen schon falsch sein.

Diese Mechanismen dienen dazu, den anderen in Schach zu halten und zu manipulieren und sein Selbstwertgefühl und Vertrauen zu zerstören. Das Ziel ist, ihn abhängig und hilflos zu machen, sodass er auf den »Narzissten« angewiesen ist. Eine solche Situation könnte zwischen den USA und Großbritannien eintreten, wenn sich Theresa May vom Wohlwollen Trumps aus wirtschaftlicher Notwendigkeit abhängig macht. Dann hätte er sie in der Hand. Nach außen aber würden es beide wie eine besondere Beziehung aussehen lassen.

16. Weiblicher Narzissmus und Macht

Bisher war im Zusammenhang mit Narzissmus, Macht und Machtmissbrauch nur von Männern die Rede. Es sieht so aus, als würden die Frauen besser davonkommen, weil sie weder in der Rubrik der Autokratinnen und Diktatorinnen auftauchen noch durch egozentrische Eskapaden auffallen. Allerdings gab es schon immer mächtige weibliche Herrscherinnen wie Kaiserin Maria Theresia, die Erzherzogin von Österreich und Königin von Ungarn und Böhmen, Katharina die Große, Zarin von Russland, und Königin Victoria von Großbritannien. Die Monarchinnen unserer Zeit haben weitaus weniger Macht, wie beispielsweise Königin Elisabeth II. oder Margrethe II., und mischen sich nur wenig oder gar nicht in das politische Alltagsgeschäft ein.

Allerdings finden wir heute Frauen in hohen Staatsämtern wie die Premierministerin Beata Szydło in Polen, die amtierende Premierministerin Theresa May in Großbritannien oder Aung San Suu Kyi aus Myanmar. Sie darf zwar offiziell kein Regierungsamt bekleiden, ist aber für das Volk die »Lady«. Sie verehren sie als Landesmutter. Aung San Suu Kyi setzt sich seit den späten 1980er-Jahren für eine gewaltlose Demokratisierung ihres Heimatlandes ein und erhielt 1991 den Friedensnobelpreis.

Eine kämpferische Ausnahme macht Marine Le Pen, die Vorsitzende des rechtsgerichteten Front National. Ihre Statements klingen wie die vieler Populisten: raus aus der EU, wirtschaftliche Abschottung, Kampf gegen Einwanderung und Angriff auf die freie Presse.

Ein Grund dafür, dass Frauen seltener durch Machtmissbrauch auffallen, mag an ihrem unterschiedlichen Führungsstil liegen. Wir wissen aus der Management-Forschung, dass Frauen ein anderes Führungsverhalten haben als Männer, obwohl unter ihnen auch unempathische, herrschsüchtige und ichbezogene Chefinnen zu finden sind. Anna Wintour soll zu ihnen gehören. Margaret Thatcher wurde die Eiserne Lady genannt, weil sie kein Blatt vor den Mund nahm.

Trotzdem sind Frauen die besseren Teamplayer, sie motivieren und loben häufiger und legen mehr Wert auf konstruktives Feedback. Frauen sind emotionaler, gehen intensiver auf den anderen ein und sorgen sich stärker um ihre Mitarbeiter. Auf der anderen Seite sind sie gefährdet, eher mit Selbstzweifeln und Minderwertigkeitsgefühlen zu reagieren, weshalb sie **öfter** vor höheren Führungsaufgaben zurückschrecken. Oder sie eifern einem Männerbild hinterher und glauben, so taff und durchsetzungsstark sein zu müssen wie ihre männlichen Kollegen. Dadurch verlieren sie aber ihre positiven Führungsqualitäten und ihre individuellen Stärken, die so wichtig für ein gutes Arbeitsklima sind und sowohl von Frauen als auch von Männern hoch eingeschätzt werden.[17]

Die Tendenz zu Minderwertigkeitsgefühlen und Selbstzweifeln erklärt sich aus der speziellen narzisstischen Struktur der Frauen, dem weiblichen Narzissmus[18], als Gegenstück zum männlichen. Dort, wo der Mann sich von der Grandiosität her beurteilt und von vornherein davon ausgeht, super zu sein, sind die Frauen mehr in der Minderwertigkeit verwurzelt. Ihnen ist der Selbstzweifel näher als die Großspurigkeit. Doch auch sie schützen ihren Selbstwert durch einen grandiosen Überbau. Mit Leistung, Attraktivität, Schlankheit, Perfektionismus und Anpassung kompensieren sie ihre Unsicherheit. Wenn sie erfolgreich sind, dann fühlen sie sich unangreifbar, doch sobald sie kritisiert werden oder unbestätigt bleiben, bricht das grandiose Gebäude schnell in sich zusammen, und sie versinken in einem Gefühl von Nichtigkeit und Wertlosigkeit. Auch bei männlichen »Narzissten« droht die Grandiosität bei Kritik und Ablehnung zu leiden, aber sie versinken nicht in der Minderwertigkeit, sondern reagieren vorwiegend aggressiv und kämpfen gegen die Menschen, die ihnen nicht zustimmen.

Um Insuffizienzgefühle zu vermeiden, versuchen Frauen, sich bestmöglich passend zu machen. Sie fah-

17 Stützle-Hebel: Frauen führen anders – und was sie dazu brauchen, S. 1 (unveröffentlichtes Manuskript)
18 Bärbel Wardetzki, »Weiblicher Narzissmus«

ren ihre Antennen nach außen aus und registrieren seismografisch die Reaktionen der anderen, an denen sie dann ihr Verhalten ausrichten. Ihre hohe »Empfängerqualität« trifft auf den männlichen »Sender«, von dem alle Information ausgeht. Der narzisstische Mann ist darauf angewiesen, verstanden zu werden, und will, dass alles so geschieht, wie er es verlangt. Dazu braucht er ein Gegenüber, das diese Rolle optimal ausfüllt – und das sind Frauen mit einer weiblich-narzisstischen Struktur. Ihre Selbstunsicherheit hinter der perfekten Fassade führt dazu, dass sie sich leicht unterwerfen. Aus dieser Haltung heraus begeben sie sich in Abhängigkeiten zu narzisstischen Männern, die ihnen auf Dauer schaden können. Nämlich dann, wenn sie von ihnen gegängelt werden und in jedem Wortwechsel unterliegen. Oder wenn der Mann für sie spricht, was sie zu einer stummen Frau macht, scheinbar ohne Meinung und ohne Hirn.

Häufig haben diese Frauen schon als Kind Entwertungen erlebt, sonst hätten sie auch nicht ihr narzisstisches Gebäude aufbauen müssen. Aus diesem emotionalen Defizit heraus suchen sie den bestätigenden Blick des Mannes und sind bereit, dafür einen hohen Preis zu zahlen, nämlich den ihrer Eigenständigkeit und Identität. Dafür bekommen sie eine Bezogenheit, die sie für Liebe und Nähe halten, spüren jedoch die Manipulation und Fremdbestimmtheit meist erst spät, manchmal sogar nie.

Das Unterwerfen macht oft bei der Sexualität nicht halt und wird mit Eroberung und Begehren verwechselt, während es sich eigentlich um Gewalt handelt. Obwohl Trumps Aussagen über Frauen sehr entwertend waren, indem er sie zur Ware degradierte, mit der er machen kann, was er will, wurde er trotzdem von vielen Frauen gewählt. Hat diese Frauenfeindlichkeit möglicherweise auch eine sexuelle Attraktion? Zeigt sich in ihr ein unbewusstes geheimes Verlangen, ausgelöst durch die männlichen Unterwerfungsfantasien?

Natürlich können auch Männer einen weiblichen und Frauen einen männlichen Narzissmus haben. Meist ist es jedoch umgekehrt, denn diese unterschiedlichen Ausprägungen des männlichen und weiblichen Narzissmus hängen in starkem Maße mit den speziellen Sozialisationsbedingungen der Geschlechter und der Rolle von Mann und Frau in unserer Gesellschaft zusammen.

Die Unterdrückung der Frauen und ihre jahrtausendelangen Entwertungen haben mehr Selbstzweifel und Minderwertigkeitsgefühle im weiblichen Selbstwertgefühl hinterlassen, wogegen die männliche Idealisierung zu Überhöhungsvorstellungen geführt hat. Lange Zeit wurden auch in unserer Kultur die Jungen den Mädchen vorgezogen und Frauen diskriminiert. Allein in der geringeren Bezahlung von Frauen für dieselbe Arbeit sieht man sie noch heute.

Im Berufsleben kommt Männern ihre Grandiosität

sehr entgegen. Wenn sie das Gefühl haben, dass sie etwas zu 70 Prozent können, bewerben sie sich. Frauen neigen mehr dazu, unter ihren Möglichkeiten zu arbeiten. Vielleicht nicht die klügste Strategie.

Dafür besitzen sie eine große Stärke, die wir im Moment in der Welt dingend brauchen:

»Ihre größte kommunikative Fähigkeit besteht darin, Gemeinschaft herzustellen, in der Widersprüche ertragen werden. Ohne sogenannte Lösungen, die nur Erleichterungen sind. Wo Macht des einen nicht unbedingt Ohnmacht des anderen bedeutet … Und ich kann mir keine Situation vorstellen, keine Gruppe, keine Firma, gar nichts, in dem diese Fähigkeit nicht unendlich wertvoll wäre.« [19]

17. »Narzisst« und »Komplementärnarzisst« – eine gelungene Allianz

Wer lässt sich auf eine Beziehung mit einem »Narzissten« ein? Wer will sich auf die Rolle des Claqueurs reduzieren lassen und selbst leer ausgehen? Meist sind es die sogenannten »Komplementärnarzissten«, die das passende Gegenstück repräsentieren.

19 Michalis Pantelouris, *Süddeutsche Zeitung Magazin*, H 42, Oktober 2014, S. 39

»Der Komplementärnarzisst ist im Grunde auch narzisstisch strukturiert, aber mit umgekehrtem Vorzeichen.«[20]

Wo der »Narzisst« in seiner grandiosen Fassade verhaftet ist, besetzt der »Komplementärnarzisst« die Seite der Unterlegenheit. Der Grandiose lebt den offenen Narzissmus mit Dominanzstreben, Selbstüberschätzung, Misstrauen und Egozentrik. Den »Komplementärnarzissten« zeichnet ein verdeckter Narzissmus mit einem mangelnden Selbstwertgefühl, übermäßiger Empfindlichkeit und selbstdestruktiven Tendenzen aus. Er macht sich kleiner und unbedeutender, als er ist, und gibt sich altruistisch und aufopfernd.

In Beziehungen suchen sich Menschen gewöhnlich ihren Gegenpart: Der Passive sucht den Aktiven, der Grandiose den Unterlegenen, der männliche »Narzisst« den weiblichen. Auf diese Weise können sie einen Teil von sich auslagern und gewissermaßen durch den anderen leben lassen. So muss der grandiose »Narzisst« nicht seine Minderwertigkeitsgefühle spüren, wenn er eine Frau nimmt, die diesen Pol besetzt. Die Frau hat den Vorteil, dass sie ihre schambesetzten Grandiositätsansprüche auf ihn projizieren kann und sich auf diese Weise vor Egoismus und Selbstdarstellung schützt. Deshalb wirken häufig die Partnerinnen von grandio-

20 Willi, S. 76 ff.

sen »Narzissten« bescheiden und teilweise unterwürfig. Doch der Schein trügt, denn ihre Grandiosität zeigt sich nur anders. Indem sie ihren Mann auf der Karriereleiter hochpushen, wachsen auch sie an Bedeutung und Wichtigkeit.

Eine gelungene Allianz, in der sich beide seelisch entlasten.

18. Die Mächtigen und die Abgehängten

»Personen mit und ohne Macht bewohnen völlig unterschiedliche Welten – und erschaffen diese auch durch ihr eigenes Verhalten.«[21] Menschen, die sich machtlos erleben oder machtlos sind, trauen sich viel weniger, Einfluss auf ihre Umgebung zu nehmen. Sie ziehen sich eher ängstlich zurück, um negative Sanktionen zu vermeiden, sind gehemmt und schielen permanent nach den Mächtigen. Mit diesem Verhalten jedoch zementieren sie ihre Ohnmachtsstellung und hindern sich allmählich immer mehr daran, sich als einflussreich und mitbestimmend zu erleben.

Das würde bedeuten, dass dem politischen Anführer die Rolle des offenen »Narzissten« zukommt und

21 Dacher Keltner, Sozialpsychologe der University of California in Berkeley

das unzufriedene, gekränkte Wahlvolk die Position des »Komplementärnarzissten« einnimmt. Es entlastet ihn von seinen Insuffizienzgefühlen und sonnt sich in seiner Grandiosität. Da er der starke Mann ist, überträgt das Volk seine Verantwortung auf ihn und muss selbst keine eigenen Entscheidungen treffen und sich nicht anstrengen. Der Vorteil für beide Seiten liegt auf der Hand. Der »Narzisst« wächst, und der »Komplementärnarzisst« kann sich hinter ihm verstecken und von seinen Erfolgen profitieren.

Es könnte sein, dass diese Negativspirale in der jetzigen Situation eine Ursache dafür ist, warum sich Menschen dem demagogischen Populismus zuwenden. Demokratie erfordert Verantwortung und aktives Handeln auf der Basis von Wissen und Verstehen. Die Flucht in populistische Führung dagegen zeugt von einem Regressionsbedürfnis aufgrund erlebter Überforderung und Ohnmacht. Regression bedeutet in diesem Fall, dass Menschen ihre Fähigkeiten, die sie besitzen, nicht einsetzen und sich passiver und unfähiger verhalten, als sie sind. Statt wie aktive, verantwortungsvolle Bürger zu handeln, lassen sie andere für sich die Arbeit machen. Sie lehnen sich an und suchen Sicherheit, weil sie momentan nicht die Kraft spüren, selbst die Verantwortung zu übernehmen. Das Auftreten starker Anführer führt sehr häufig zu regressiven Anhängern.

Vor diesem psychologischen Hintergrund kann man verstehen, dass populistische Politiker in Machtpositionen gehoben werden. Die Ängstlichen wollen endlich gehört und versorgt werden. Jemandem zu folgen ist daher die logische Konsequenz, da sie sich in ihrer Machtlosigkeit und Angst unfähig fühlen, die Richtung selbst mitzubestimmen. Die Mächtigen wiederum werden durch ihr Handeln mächtiger, stärken ihre Selbstsicherheit und Motivation und dadurch ihren Status, denn: »Wer Macht erlebt, fühlt sich zum Handeln ermutigt.«[22]

Sie befinden sich im Gegensatz zu denen, die immer ohnmächtiger werden, in einer Aufwärtsspirale, die sie immer weiter nach oben trägt. Gepaart mit grandiosnarzisstischen Vorstellungen kann das jedoch gefährlich werden, sobald die Bodenhaftung verloren geht. Und was passiert, wenn der starke Führer schwächelt? Dann läuft er Gefahr, gestürzt zu werden, weil er dem idealen Bild nicht mehr entspricht, weswegen er gewählt wurde und verehrt wird. Um das zu verhindern, wird er seine Macht mit allen Mitteln zementieren und im schlimmsten Fall zu einem unterdrückenden Despoten mutieren. Die demokratischen Strukturen verhindern gottlob eine solche Entwicklung.

22 Susan Fiske, 2016, Sozialpsychologin der Princeton University

19. Wie verändert Macht den Menschen?

Überall, wo Menschen aufeinandertreffen, spielt das Thema Macht eine Rolle. Dabei denken wir sofort an Unterwerfung, Dominanz und Ohnmacht. Alles eher negative Bedeutungen, die abschrecken. Doch Macht und Machtausübung sind nicht zwangsläufig schlecht, es kommt nur darauf an, wie sie gelebt werden. Ob es eine autoritäre, selbstbezogene oder demokratische Macht ist, hängt zum einen von dem umgebenden System, zum anderen von der Persönlichkeit des Mächtigen ab.

Politiker besitzen beispielsweise aufgrund ihrer Position eine legitime Macht über Entscheidungsprozesse, die ihnen das Recht gibt, ihre Autorität gegenüber den Wählern einzusetzen. Zu einer demokratischen Macht gehört aber auch die Verantwortung des Mächtigen, sich die Wirkung seiner Handlungen auf die Abhängigen bewusst zu machen. Das bedeutet, den Blick über das Eigeninteresse auf die anderen zu richten.

Anders ist es bei der Macht durch Gewalt oder Zwang, bei der der Mächtige den Abhängigen Bestrafungen bei Zuwiderhandlung androht oder Belohnungen für Wohlverhalten verspricht. In diesem Fall zielt die Einflussnahme auf Anpassung und Unterwerfung durch Angst vor Strafe oder durch Aussicht auf Gratifikation. Diese Form der Macht durch Zwang ist ein Charakteristikum narzisstischer Beziehungen, und zwar sowohl im privaten Bereich als auch auf Geschäfts- oder gesellschaftlicher Ebene.

Macht ist einerseits eine probate Möglichkeit für narzisstische Menschen, ihren Selbstwert zu stärken, andererseits stärkt Macht die Größenfantasien der Mächtigen. So schaukeln sich Grandiosität und Macht gegenseitig hoch: je mächtiger, desto grandioser. Übernehmen die Grandiositätsvorstellungen die Oberhand, orientiert sich das Handeln nicht mehr an den realen Notwendigkeiten oder Gegebenheiten, sondern an der eigenen Hybris. Viele Studien zeigen, dass Menschen soziale Normen umso weniger beachten, je mehr Macht sie gewinnen. Sie setzen sich über ethische und menschliche Regeln hinweg, um ihre eigene Befriedigung zu erhöhen und ihre Position zu stärken. Man unterstellt ihnen, weniger Skrupel zu haben und die besseren Lügner zu sein.[23] Ihr Verhalten ist stark kontrollierend und gnadenlos. Vielleicht sind sie deshalb so anfällig für Korruption?

Überall auf der Welt finden sich Mächtige verstrickt in Bestechung, Schmiergeldaffären und Parteispendenskandale. Denken wir an Helmut Kohl, der bis zum Schluss die anonymen Spender für seine schwarzen

23 Schmitz 2012

Kassen geheim hielt. Oder an den ehemaligen Bundespräsidenten Christian Wulff, der über die Finanzierung seines Eigenheims durch private Kredite und bezahlte Urlaube stolperte, was ihn schließlich sein Amt kostete. Die US-Regierung fordert 14 Milliarden Dollar von der Deutschen Bank wegen krummer Immobiliendeals. Die südkoreanische Staatspräsidentin Park Geun-hye musste wegen eines Korruptionsskandals zurücktreten und wird wegen Betrugs angezeigt, und in Rumänien demonstrieren die Bürger gegen eine korrupte Regierung. Die Liste ließe sich noch lange fortsetzen. In der Korruption wird das Über-Ich, unsere moralische Instanz, korrumpiert. Man verhält sich nicht nach den gängigen Regeln, die für alle gelten. Die Gruppe der Cleveren macht sich ihre eigenen Gesetze aufgrund einer kollektiven Antimoral.[24]

Auch sind Mächtige sehr häufig in Sexskandale verwickelt. Denken wir an Berlusconis Bunga-Bunga-Partys oder die Affäre von Bill Clinton mit Monica Lewinsky, die ihn fast das Amt gekostet hätte. Für Dominique Strauss-Kahn bedeutete die Anzeige wegen Vergewaltigung das Ende seiner Karriere als Politiker. Und Trump behauptete: »Wenn du ein Star bist, lassen sie dich. Du kannst alles mit ihnen machen. Ihnen an die Muschi

24 Wirth 2002

fassen, alles.« Diese erbärmliche Behauptung hätte ihn fast ins Aus manövriert. Mächtige Männer glauben, über Frauen sexuell verfügen zu können, da Macht und Erfolg erotisieren und mit der Vorstellung einhergehen, jederzeit Zugang zu sexuellen Partnern haben zu können.

»Wenn du den Charakter eines Mannes testen willst, dann gib ihm Macht«, sagte schon Abraham Lincoln.

Was für eine weise Erkenntnis. Es scheint tatsächlich so zu sein, dass sich die Menschen im Angesicht der Macht outen. Die Korrumpierbarkeit durch Machtpositionen ist sicher individuell unterschiedlich stark, doch ist wohl kaum einer gefeit, sich ihrer Wirkung zu entziehen, denn Macht macht narzisstisch, rechthaberisch, misstrauisch, unberechenbar und schürt den Hunger nach noch mehr Macht. Macht bringt die Schattenseiten der Person zum Vorschein, die aber von den Anhängern nicht wahrgenommen oder geleugnet werden. Im Gegenteil, sie wollen den machtvollen Führer, der anderen die Stirn bietet, auf seinem Recht beharrt und nicht klein beigibt.

Ashot Gabrelyanow, der Chefredakteur von *Life News,* formulierte es so: »Je stärker Putin, desto stärker das Land und umgekehrt.«

So schaukeln sich beide Seiten gegenseitig hoch, unterstützt von dem Sog der Masse, die jeden mitreißt.

20. Die Macht der Masse

Im Zusammenhang mit Macht und Verführung müssen wir auch über die Macht der Masse nachdenken. Wir wissen aus unserer eigenen Geschichte, wie dieses Phänomen ganze Gesellschaften kritiklos in seinen Bann ziehen kann, denn Massen besitzen ihre eigenen Regeln, nach denen sie sich verhalten. Ganz wesentlich dabei ist die Tatsache, dass Massen sehr suggestibel und wenig rational sind. Sie reagieren überschwänglich und einseitig. Das bedeutet, dass ihre Meinungen und Einstellungen sehr leicht und stark beeinflusst werden können.

Wenn der Redner seine Anhängerschaft von seinen Ideen und seiner Ideologie überzeugen will, sollte er einige Regeln beachten. Erfolgversprechend sind das Aufstellen von Behauptungen und deren immerwährende Wiederholungen, gepaart mit einer starken Überzeugungskraft des Redners.[25]

Er sollte sehr laut reden, wenn nicht sogar schreien, seine Stimme stark modulieren und niemals den Versuch machen, seine Behauptungen zu beweisen. Die Masse verlangt nämlich nach Übertreibungen und nicht nach Fakten. Hat man Trump in dieser Technik unterwiesen? Auf jeden Fall beherrscht er sie perfekt.

Und seine Anhänger danken es ihm. Eine Trump-

25 Siehe Le Bon

Wählerin äußerte sich nach einer Wahlkampfrede im Interview nicht über den Inhalt seiner Rede, sondern schwärmte von der Stimmung in der Menge, von der überwältigenden Zahl an Menschen, die zusammengekommen waren, und von dem wunderbaren Gefühl, Teil davon zu sein.

Massen haben eine ansteckende Wirkung, weil sich Meinungen, Gefühle und Überzeugungen auf jeden Einzelnen übertragen. In einer Masse zu stehen, die jemandem zujubelt, macht es fast unmöglich, das nicht auch zu tun. Jeder wird mitgerissen und identifiziert sich mit dem, was gerade geschieht. Das stärkt enorm den Selbstwert und hat erst einmal gar nichts damit zu tun, welche Inhalte beklatscht werden. Es geht um Emotionen und weniger um rationale Argumente.

21. Die Macht der Medien und des Internets

Die Massen werden aber nicht nur durch die Reden von Politikern beeinflusst, sondern auch durch die Medien, und zwar sowohl die Printmedien als auch das Internet.

Die zentrale Aufgabe der Medien ist es, Menschen über politische, wirtschaftliche, soziale und gesellschaftliche Ereignisse und Zusammenhänge aufzuklären. Nur so kann Demokratie funktionieren, indem Menschen die Informationen bekommen, die es ihnen möglich machen, das komplexe politische Geschehen zu verfolgen und zumindest ansatzweise zu durchschauen.

Medien aller Art bieten eine Plattform, um eigene Ideen zu verbreiten und die Menschen zu beeinflussen. Bei Trump ist es vor allem das Twittern, mit dem er seine neuesten Einfälle oder Anschuldigungen unter die Menschen bringt. Egal, ob die Verbreitung von Meinungen und Informationen digital oder in Papierform erfolgt, es gelten dieselben Regeln wie bei der verbalen Beeinflussung der Massen: permanentes Wiederholen von Behauptungen, deren Wahrheitsgehalt kaum nachprüfbar ist, und Übertreibungen der Fakten.

Gemäßigte Aussagen finden den Weg in die Medien viel schwerer als Provokationen, lauthals verkündete Drohungen oder Versprechen. Medienwirksamkeit ist für Informationen heutzutage ebenso wichtig wie für Menschen, denn sie bedeutet Macht und Einfluss. Glaubwürdigkeit und Objektivität verlieren leider schnell an Wert, wenn es darum geht, der Konkurrenz ein Schnippchen zu schlagen und die Schlagzeile für sich zu holen.

Dass Medien Macht über Leser, Zuhörer, Zuschauer und die öffentliche Meinung ausüben, ist keine neue Erkenntnis. Umso sorgfältiger muss man mit Informationen und deren Darstellung umgehen. Die Konsumenten müssen sich darauf verlassen können, dass die Inhalte der Realität entsprechen und nicht verfälscht werden.

Andererseits steuern Medien die Bedeutung von Ereignissen allein schon durch die Art und den Umfang der Darstellung. So konnte man sich monatelang nicht mehr vor dem Konterfei von Trump schützen, da es einem permanent im Fernsehen, im Internet und in Zeitungen entgegenschlug. Meist wurde er mit einem verzogenen, aggressiven Gesichtsausdruck dargestellt, was bei den Zuschauern oder Lesern die vorhandene ängstliche oder aggressive Stimmung verstärkte. Waren sich die Medien dieser Wirkung bewusst, und war sie gewollt?

Auch die Berichterstattung über Gewalttaten folgt einem ähnlichen Muster. Am Tag nach dem Terroranschlag auf dem Weihnachtsmarkt am Breitscheidplatz in Berlin bestand fast die gesamte Sendezeit eines der öffentlich-rechtlichen Sender aus den Berichten über den Tathergang. Das wertete die Tat und den Täter in unrechtmäßiger Weise auf und trägt womöglich dazu bei, Nachahmer zu mobilisieren. Die Täter können sich in der Gewissheit sonnen, nach einem Anschlag Hauptgesprächsstoff in den Nachrichten zu sein. Ein Mal auf der Titelseite stehen, auch wenn sie es selbst nicht mehr mitkriegen! Was für eine grandiose Selbstdarstellung. Die mediale Aufmerksamkeit wird von Extremisten sogar als Gratiswerbung genutzt. Durch die Veröffentlichung von Bekennervideos nach Gewalttaten wird das eigene Gedankengut verbreitet.

Aufgrund ihrer Macht werden Medien immer wieder stark bekämpft. In der Türkei werden unabhängige und kritische Zeitungen und Fernsehsender verboten oder zur Konformität gezwungen. Als »Lügenpresse« kanzeln rechtsextreme Populisten und fremdenfeindliche Gruppen wie Pegida und die AfD die Medien ab, auch Trump liegt mit ihnen im Krieg. Die Furcht wurde geäußert, dass in Amerika nur noch wohlgelittene Medien den Zugang zu Informationen aus dem Weißen Haus bekommen würden und alle anderen ausgesperrt blieben. Das wäre ruinös, denn Auflagenzahlen, Einschaltquoten oder Klicks sind die Lebensgrundlage der Presse.

Andererseits werden regierungsnahe und -treue Medien erlaubt und genutzt. In Italien konnte man jahrelang beobachten, welche Macht Berlusconi durch die Kontrolle über das Fernsehen bekam. Seine Sender waren die wichtigsten Informationsquellen für die Wähler und beeinflussten seine Wahlen in hohem Maße. Dieselbe Methode wendet jetzt die Protest-Partei Cinque Stelle im Internet an. Jeden Tag lesen Millionen Italiener die Blogs und Twitternachrichten von Beppe Grillo und seinen Parteifreunden. »Wenn Grillo nun etwas postet, dann ist das automatisch relevant und macht Schlagzeilen in allen Zeitungen.«[26] Die Umfragewerte seiner Partei steigen kontinuierlich.

26 Oliver Meiler: Es steht in den Sternen, in *SZ* vom 10.3.2017

Der Grund für die tief greifende Ablehnung von freien Medien ist daher verständlich: Es sind ihre Macht und ihr Einfluss auf die Wähler. Das löst bei den Regierenden Angst aus, denn freie Medien sind oft die Einzigen, die sich trauen, sich offen gegen eine Regierung zu stellen und kritische Statements abzugeben. Wer sich dadurch in seiner Machtposition angegriffen fühlt, wird das zu verhindern suchen, indem er den Medien Fehlinformationen und die Verbreitung von Lügen unterstellt.

Natürlich werden Fake News auch gezielt gestreut, was aber aus der Presse keine »Lügenpresse« macht. Sie sollen Zweifel säen und Einfluss nehmen auf den Ruf von Menschen, Parteien und sogar von anderen Staaten. Man vermutet Russland hinter dem Gerücht, es sei ein minderjähriges litauisches Mädchen durch deutsche Soldaten vergewaltigt worden. Das stimmt nachweislich nicht, aber die Information und ihre negative Wirkung haben sich bereits verbreitet. Das Dementi hört kaum noch jemand. Fake News setzen sich sehr schnell fest und sind kaum mehr zu tilgen, sobald sie einmal in der Welt sind.

Auch im Zusammenhang mit dem Brexit wurden die Leser gebetsmühlenartig mit der Falschaussage konfrontiert, dass Großbritannien wöchentlich 350 Millionen Pfund (421 Millionen Euro) an die EU überweise, eine fiktive Zahl, die fast dreimal so hoch war wie der reale finanzielle Aufwand. Einer der Hauptverfechter dieser These, Nigel Farage, distanzierte sich nach dem Brexit-Ja sehr schnell von dieser Behauptung und gestand sie als Fehler ein. Dass aber diese und andere Falschaussagen die Menschen beeinflussten, für den Brexit zu stimmen, ist extrem erschreckend.

Immer mehr Menschen informieren sich durch das Internet, vor allem Jugendliche. Auch in sozialen Medien verbreiten sich Falschmeldungen ebenso explosionsartig wie die Zahl der Hass-Videos beispielsweise gegen Asylanten und Politiker. Sie schüren offene Aggressionen gegen Menschen und Gruppen und rufen zu Gewalt auf. Auf diese Weise setzen sich Vorurteile und Ressentiments in den Köpfen der Menschen fest und sorgen für eine aggressive Stimmung gegen Einwanderer und die Regierung. Meinungsmache geschieht auch immer mehr über sogenannte Bots, also Maschinen. Sie verbreiten Texte, die klingen, als kämen sie von Personen; in Wirklichkeit handelt es sich aber um Computerprogramme, die weitgehend automatisch sich wiederholende Informationen über Algorithmen in Umlauf setzen, ohne dabei auf menschliche Benutzer angewiesen zu sein. Auf diese Weise ist keine Kontrolle mehr über deren Inhalt möglich. Und wir wissen nicht, welche Nachrichten echt und welche über Roboter verteilt werden. Die Lage wird immer unüberschaubarer und verunsichert die Konsumenten. Umso mehr müssten Kommunikationsmöglichkeiten offenstehen, um in einem direkten Gespräch Meinungen auszutauschen, sich gegenseitig zuzuhören und dadurch Korrekturen einseitiger Vorurteile vornehmen zu können.

Eine freie Presse, professioneller Journalismus und Meinungsfreiheit sind Säulen der Demokratie. Wer die kritische Presse behindert, einschüchtert und mundtot macht oder sie systemkonform gleichschaltet, unterwandert die Demokratie. In ihr haben die Medien eine Kontrollfunktion. Sie bringen Probleme und Missstände ans Licht, sodass nichts mehr passiert, ohne dass Menschen davon erfahren. Auf diese Weise erzeugen sie öffentlichen Druck und zwingen die Verantwortlichen einzugreifen. Wer das verhindern will, wird die Presse- und Meinungsfreiheit einschränken und die demokratischen Rechte gefährden.

»Deshalb ist die freie Presse der natürliche Feind des Autokraten. Wo alternative Fakten der Ausweis der Herrschaft sind, wird Recherche und das Überprüfen von Fakten durch die freie Presse ein Akt der Subversion unserer Ideologie (KP China) oder eine Kriegserklärung.«[27]

27 Kai Strittmatter, *SZ* vom 2.2.2017

DIE DUNKLE SEITE DER MACHT

22. Machtmissbrauch

Machtmissbrauch liegt vor, wenn mit der Macht andere Ziele verfolgt werden als diejenigen, welche die Machtposition beinhaltet, wenn beispielsweise die Menschenrechte eingeschränkt werden und die Presse mundtot gemacht wird.

Machtmissbrauch führt – in welcher Form auch immer – zu tiefem Leid und oft sogar zu traumatischen Verletzungen. Die Unterwerfung anderer zur Stärkung der eigenen Machtposition und Bestätigung des eigenen Selbstbilds verletzt und demütigt.

Wenn beispielsweise ein Vorgesetzter seine Minderwertigkeitsgefühle kompensiert, indem er seine Mitarbeiter entwertet, beschämt und vor anderen bloßstellt, dann kann er sich zwar überlegen fühlen, nutzt jedoch seine Überlegenheit in missbräuchlicher Weise, indem er andere für seinen Macht- und Selbsterhalt ausbeutet. Dadurch, dass er seine Mitarbeiter in eine unterlegene Position zwingt, kann er sein angekratztes Selbstwertgefühl auf ihre Kosten stärken. Seine Aufgabe aber wäre es, seine Mitarbeiter zu führen und vor Schaden zu bewahren.

Machtmissbrauch in Form von emotionaler Ausbeutung ist ein wesentlicher Teil narzisstischer Begegnungen und hinterlässt Schäden an der Beziehung und in der Seele des Ausgebeuteten. Sie ist nämlich in ihrer Wirkung nicht weniger destruktiv als körperliche oder sexuelle Gewalt und führt zu massiven Selbstwertverletzungen.

Wir werden emotional ausgebeutet, wenn wir für Partner, Familienangehörige, Freunde, Vorgesetzte, Lehrer, politische Führer u.a. bestimmte Eigenschaften, Fähigkeiten und Verhaltensweisen zeigen sollen, um deren Selbstwert und Macht zu festigen und ihnen ein Gefühl von Wichtigkeit und Identität zu verleihen. Auch wenn die Aufforderung, den anderen zu stabilisieren, auf Kosten der eigenen Autonomie und Identität geht, werden wir versuchen, diese Aufgabe zu erfüllen. Denn in ausbeuterischen Beziehungen gilt das, was der andere erwartet und will; die eigenen Bedürfnisse spielen eine untergeordnete Rolle. Wir versuchen, dessen Erwartungen zu erfüllen, ansonsten werden wir abgelehnt.

Eine solche Situation war in der ersten Pressekonferenz von Trump zu beobachten, als er den CNN-Reporter Jim Acosta vor laufender Kamera zusammenstauchte: »Dir gebe ich keine Frage, ihr seid Fake News!« In aggressivem Ton kanzelte er ihn mehrmals ab, ruhig zu sein. Trump demonstrierte Macht durch verbale Gewalt aus einem psychologischen Motiv heraus: der Kränkung über die Sensationsberichte von CNN, Russland habe »kompromittierendes Material« über ihn.[28]

28 Marc Pitzke, »Ihr seid Fake News«, *Spiegel online* vom 11.1.2017

Das Verbot, Fragen zu stellen, kam einer Vernichtung gleich, da er dem Journalisten seine Arbeit verbot und ihn zugleich persönlich entwertete. Auch andere bringt er mit einer abfälligen Handbewegung zum Schweigen. Es gab vonseiten der Journalisten-Kollegen keinen Protest, weil das Erschrecken vermutlich groß war und weil ihr Job verlangte, von der Pressekonferenz zu berichten. Wie effektvoll wäre es gewesen, wenn alle Journalisten aufgestanden wären und den Raum verlassen hätten, um Solidarität mit ihren abgewiesenen Kollegen zu demonstrieren und für die Pressefreiheit und die Würde des Einzelnen einzustehen. Und um der aggressiven Machtausübung Grenzen zu setzen.

Verbale oder körperliche Gewalt ist ein Charakteristikum narzisstischer Beziehungen. Nicht nur Partner und Kinder sind davon betroffen, sondern auch all jene, mit denen narzisstische Menschen Kontakt haben oder zusammenarbeiten. Sie werden angeschrien, verbal attackiert, entwertet oder niedergebrüllt. Widerrede hilft in der Regel nicht, denn eine wirkliche Auseinandersetzung ist überhaupt nicht gewollt. Um Gewalt zu vermeiden, fangen viele an, sich an die vermeintlichen Erwartungen des »Narzissten« anzupassen, nehmen dessen Reaktionen schon vorweg und reagieren in vorauseilendem Gehorsam. Aber das muss nicht automatisch zum Erfolg führen, denn wie oft lässt ein narzisstischer

Mensch seine Unzufriedenheit oder Wut an seinen Mitmenschen aus, um sich selbst zu stabilisieren.

Diese Art der Kommunikation und Beziehungsgestaltung auf politischer Ebene schüchtert diejenigen Menschen ein und macht sie mundtot, die keinen Mut haben, sich dagegen zu wehren. Oder es kommt zu Protesten, wie wir sie in Rumänien erleben.

Die Rumänen wehren sich zu Tausenden gegen ein Gesetz, das die Verfolgung von Korruption erschwert. Klammheimlich wurde es von der Regierung durchgesetzt. Die Menschen stehen auf gegen Lüge, Machtmissbrauch und die Arroganz der Regierenden, die verkündeten, dass sie das tun, was sie wollen, weil sie die Regierung sind. Mit dieser Willkür endet jedwede Sicherheit der Bürger.

Was aber geschieht, wenn Proteste und Widerstand ins Leere laufen? Wenn auf Einzelne oder Massen mit Schweigen und Ignorieren reagiert wird? Das ist auch eine Form von Gewalt, wenn auch eine leise. In diesem Fall wird ihre Existenz infrage gestellt, weil diese Menschen zwar anwesend sind, aber der andere so tut, als gäbe es sie nicht. Ohnmacht und Wut sind die Folge und der tiefe Schmerz, nicht wahrgenommen zu werden. In ihrer Kränkung laufen sie Gefahr, sich zusätzlich selbst abzulehnen, und zementieren dadurch ihre Unterlegenheit.

Machtmissbrauch erleben wir auch in willkürlichen staatlichen Herrschaftshandlungen, gegen die wir uns nicht schützen können. Wenn wir beispielsweise unbeabsichtigt in die Mühlen der Staatsgewalt geraten, weil wir eines Vergehens beschuldigt werden, das wir nicht begangen haben. Wenn es Monate dauert, bis wir rehabilitiert sind und feststeht, dass wir keine Fahrerflucht begangen oder keinem Patienten geschadet haben. Wir spüren die Hilflosigkeit gegenüber der Obrigkeit, verbunden mit Angst und Zorn darüber, dass wir uns kein Gehör verschaffen können und dass unsere Unschuld infrage gestellt wird. Emotional sind wir verletzt und gekränkt, da kann auch ein Rechtsbeistand nicht helfen. Wie gut, dass diese Art der Machtausübung in unserer demokratischen Gesellschaft eher selten vorkommt. In der Türkei sehen wir sie dagegen täglich.

23. Manipulation und Gaslighting

Narzisstische Manöver beinhalten Manipulation, um Menschen gezielt zu beeinflussen, oft ohne ihr Wissen und zu ihrem Nachteil. Andernfalls wäre Manipulation ja auch nicht nötig. Ebenso haben Charisma und Verführung eine manipulative Wirkung, jedoch eine freiwillige. Wir unterliegen ihr mehr oder weniger gern, wogegen Manipulation unfreiwillig geschieht. Niemand möchte manipuliert werden, und dennoch werden wir es täglich. Die Werbung lässt uns glauben machen, dass wir bestimmte Produkte unbedingt haben müssen, um gesund, glücklich oder faltenfrei zu werden. Mit Musik und Gerüchen werden wir unbewusst zum Kauf im Supermarkt angeregt. Dem angepriesenen Sparpreis gehen wir auf den Leim, weil wir ein Schnäppchen wittern, das am Ende keines ist. Aber auch in persönlichen Beziehungen und auf gesellschaftlicher Ebene laufen permanent Manipulationsprozesse.

In der Politik beinhaltet Manipulation alle Mechanismen, die darauf abzielen, das Erleben und Verhalten von Einzelnen und Gruppen zu steuern, und die diesen verborgen bleiben sollen. Darunter fällt beispielsweise die Propaganda, eine Technik, bei der es um die geschickte Beeinflussung und nicht um den Wahrheitsgehalt einer Nachricht geht. Sie arbeitet unter anderem mit Pejorationen, Begriffen mit negativer Bedeutung, die eine Sachlage dramatischer erscheinen lassen, z.B. Flüchtlingskrise für Flüchtlingsstrom oder im Dritten Reich die Bezeichnung geistig Behinderter als »unwertes Leben«. Daraus lässt sich dann das eigene Verhalten begründen und die Meinung des Volkes beeinflussen. Da wir eine Krise haben, müssen wir unsere Asylrichtlinien ändern und mehr Abschiebungen durchführen. Und unwertes Leben kann vernichtet werden, es ist sowieso wertlos.

Ein auch für Politiker wichtiger Manipulationstrick ist der bewusst eingesetzte Halo-Effekt[29]. Das ist ein Begriff aus der Sozialpsychologie, der beschreibt, wie von einer bekannten positiven Eigenschaft auf alle unbekannten Eigenschaften geschlossen wird. Durch den Halo-Effekt wird die menschliche Wahrnehmung verzerrt, indem nur das Positive gesehen und alles Negative ausgeblendet wird. Ein selbstbewusst auftretender Mensch gilt dann auch als durchsetzungsfähig, einflussreich und stark. Das gezeigte Selbstbewusstsein überstrahlt alles andere. Trump gilt vielen als erfolgreicher Geschäftsmann, dem folglich auch Regierungsfähigkeit zugetraut wird. Seine Selbstverständlichkeit, mit der er auftritt, überstrahlt alle möglichen Schwächen.

Auch durch Sprachmanipulation wird ganz gezielt Einfluss auf Einstellungen und Überzeugungen genommen. Der Einsatz von Euphemismen, also Worten mit einer positiven Bedeutung, soll positive Emotionen auslösen, obwohl es sich um negative Ereignisse handelt. So wirkt »alternative Fakten« sehr viel gemäßigter als »Lüge«. In China hieß jahrzehntelang der massive Smog »Nebel«.

Um zu erreichen, dass der andere die eigene Meinung übernimmt, muss man nur lange genug über ein Thema berichten, und zwar immer wieder unter einer

29 Halo bedeutet Heiligenschein.

bestimmten Sichtweise. Werden muslimische Asylbewerber permanent unter Terrorverdacht gestellt, setzt sich das in den Gehirnen der Menschen fest. Ein einfacher Lernprozess, die klassische Konditionierung wie bei den Pawlow'schen Hunden.[30] Ein Reiz, in dem Fall die muslimischen Asylanten, wird verbunden mit einem anderen Reiz, dem Terrorverdacht. Hören wir dann Terrorverdacht, denken wir automatisch an muslimische Asylanten.

Das führt allmählich zum Gebrauch von Stereotypen, die vor allem in der rechtspopulistischen Szene weitverbreitet sind: »Alle Ausländer sind kriminell.« Das schafft Feindbilder und ein hasserfülltes Klima.

Eine Technik, die wir besonders bei Trump in Reinkultur erleben, ist die Selbstaufwertung und Fremdabwertung. Durch die Selbstaufwertung löst er bei den Menschen die Hoffnung auf Verbesserung aus, denn er ist ja der beste Präsident, den Gott je erschuf. Zugleich steigt sein Wert durch die Entwertung der bisherigen Präsidenten. Dass er damit aber viele Gegner mobilisiert, scheint ihm bisher nicht bewusst zu sein. Wer so plump agiert, verliert seinen Bonus, der dann nicht mehr über seine Entgleisungen hinwegtäuschen kann.

30 Hunden wurde Futter zusammen mit einer Glocke vorgesetzt, was bei ihnen Speichelfluss auslöste. Später reichte die Glocke ohne Futter, um den Speichelfluss der Hunde zu aktivieren.

Trump beherrscht viele Manipulationstricks perfekt. Zum Beispiel ist er bekannt für seine Umdeutungen, die ihn am Ende besser dastehen lassen. So kommunizierte er die Absage des Besuchs des mexikanischen Präsidenten mit den Worten: »Der mexikanische Präsident und ich sind übereingekommen, das Treffen nächste Woche abzusagen. Solange Mexiko die USA nicht fair und respektvoll behandelt, wäre ein solches Treffen sinnlos.« Was fällt einem dazu noch ein? Wie kann man sich gegen diese Form der Realitätsverdrehung wehren?

Kein Wunder, dass Trump vor Kurzem in Amerika vorgeworfen wurde, mit seinen Wählern, Bürgern, Staatschefs, kurz: mit uns allen Gaslighting zu betreiben. Dieser Begriff ist seit einiger Zeit in aller Munde und beschreibt eine Art psychologischer Kriegsführung, die beabsichtigt eingesetzt wird und sich mit der Zeit steigert. Menschen, die Gaslighting betreiben, wenden eine subtile psychologische Einflussnahme an, um das Selbstbewusstsein des anderen zu schmälern, um dessen Sinn für die Realität durcheinanderzubringen und ihn an sich selbst zweifeln zu lassen. Trump wurde vorgeworfen, diese Technik anzuwenden, weil er Dinge sagt und tut, die er dann wieder negiert, dementiert oder umdefiniert; weil er die Sorgen anderer abschätzig als Überempfindlichkeit abtut; weil er andere beschuldigt, ihn falsch verstanden zu haben, und weil er seine empörenden Aussagen als Witze oder Missverständnisse ausgibt. Trump stiftet Verwirrung, er zerstört den Ruf derer, die ihn kritisieren, provoziert Konfrontationen und erzeugt Paranoia beim Gegenüber.

Gaslighting ist psychische Gewalt, bei der man die Realität eines Menschen als falsch definiert und ihn dadurch so in Not bringt, dass er überhaupt nicht mehr weiß, was richtig und was falsch ist. Also muss er letztlich dem Manipulierer glauben, sogar gegen seine Überzeugung. Ob man es nun Gaslighting oder Verwirrtechnik nennt, ist unerheblich. Ihre Wirkung entfaltet diese Methode auf jeden Fall.

Vor allem Menschen, die von großer Selbstunsicherheit, Angst, Unterlegenheitsgefühlen und Orientierungslosigkeit beherrscht werden, lassen sich leichter manipulieren, da sie dadurch Halt und Richtung bekommen. Je höher die Selbstzweifel, umso anfälliger sind sie dafür, sich fremdbestimmen zu lassen, was sie zu leichten Opfern für Populisten und Überzeugungstäter wie Donald Trump macht. Andere würden solche Manipulationen gar nicht erst zulassen oder alles tun, um sich dagegen zu wehren.

Um Manipulation in ihrer negativen Wirkung zu verhindern, braucht es eine offene Kommunikation unter den Betroffenen. Das bedeutet, sich Gruppen und Menschen zu suchen, mit denen man seine Wahrnehmung und Irritationen teilen und an der Realität prüfen kann. Es bedarf Solidarität und Achtsamkeit, um sich zu schützen. Nicht wir sind verrückt, wir werden verrückt gemacht.

24. In der Falle der narzisstischen Macht

Der psychologische Mechanismus, der bei narzisstischer Verführung, Manipulation und Macht wirkt, heißt *expanded self*. Er bedeutet »ausgedehntes Selbst« [31] und führt dazu, dass sich das Gegenüber unbewusst unterwirft.

Das *expanded self* ist eine »vereinnahmende innere Haltung«, dabei wird der andere seiner Identität beraubt und vom »Narzissten« neu definiert. In der Regel ist es eine negative Definition, die zur Folge hat, dass die Person sich im Kontakt mit ihm minderwertig, schwach und nichtig fühlt, ihn dagegen als überlegen idealisiert. Auf diese Weise verliert sie ihre Sicherheit und kennt sich selbst nicht mehr. Sie begreift nicht, warum sie sich so schlecht fühlt.

Die neue Definition kann aber auch den Wert der anderen Person steigern, wenn diese für den »Narzissten« besonders sein muss: die schönste Frau, die beste

31 Petermann

Mitarbeiterin, die loyalste Regierungschefin u. a. m. Sie wird aufgewertet und zum Schmuckstück gemacht, wodurch ihr Selbstbewusstsein steigt. Und durch diese so schmeichelhafte Definition ihrer Person bleibt sie gebunden an einen Menschen, der sie auf der anderen Seite verletzen und entwerten kann. Sie muss aber auf der Hut sein, denn die Idealisierung kann sehr schnell in Entwertung kippen, wenn sie nicht mehr dem idealen Bild entspricht. Sie verliert dann seine Zuneigung, was enorm kränkend ist. Rächt sie sich dafür an ihm, kann das der Beginn einer langen Gewaltspirale werden, getragen von massiven gegenseitigen Beschuldigungen und Verletzungen.

»Man kann sich das *expanded self* wie das Schachbrett des ›Narzissten‹ vorstellen, auf dem die Menschen aus seiner Umwelt Figuren darstellen, über die er verfügt.«[32]

Der Sinn des *expanded self* besteht darin, den Selbstwert des »Narzissten« zu stärken und den des Gegenübers zu schwächen. Auf diese Weise muss er sich durch den anderen nicht bedroht fühlen, denn sein Verhalten wird für ihn vorhersehbar.

Indem das Selbst des »Narzissten« sich durch den anderen erweitert, wird dieser ein Teil von ihm. Das geht

32 Petermann, S. 31

so weit, dass alles, was der andere sagt, so umdefiniert wird, als seien es die eigenen Gedanken.

Am schon erwähnten Beispiel der Absage des mexikanischen Präsidenten kann man das *expanded self* erleben: Trump tat so, als sei die Absage nicht vom mexikanischen Präsidenten gekommen, sondern eine gemeinsame Idee gewesen.

Der »Narzisst« bezieht alles auf sich und meint, der Urheber für alles zu sein, was um ihn herum geschieht. Auf diese Weise wird der Erfolg der anderen zum eigenen Sieg umdefiniert. Oder die Kritik an etwas, z.B. an einem Dekret, wird als persönlicher Angriff erlebt. Nichts geschieht mehr getrennt von seiner Person.

Im Bannkreis eines *expanded self* fühlen sich Menschen wie Kaninchen vor der Schlange. Sie verlieren den Kontakt zu sich selbst und trauen sich nicht, spontan zu handeln, sondern sind nur noch auf ihr Gegenüber fixiert. Sie schielen immer danach, was ihrem Gegenüber gefallen könnte und ob sie dem fremden Bild entsprechen. Dazu betrachten sie sich durch seine Augen, was sie immer mehr einschüchtert. Sie kontrollieren ihre Impulse und ihr Verhalten und sagen dem anderen nicht, wie es ihnen geht und was sie brauchen.

Sie machen sich und dem anderen etwas vor, denn sie sind gar nicht die Person, die sie zu sein vorgeben.

Sie wollen nur gefallen und ihr narzisstisches Gegenüber für sich gewinnen. Dafür strengen sie sich sehr an und verhalten sich anders als gewöhnlich.

Nach der Wahl von Trump zum Präsidenten der Vereinigten Staaten von Amerika kamen mir die Republikaner, Demokraten und sonstigen politischen Vertreter, vielleicht die ganze Welt und wir selbst wie die Kaninchen vor der Schlange Trump vor. Alle waren unsicher und sind es immer noch, was zu tun ist, sie schielen danach, was er nun schon wieder angestellt hat, und besänftigen sich mit der Hoffnung, dass sich alles noch irgendwie einrenken und Trump zur Besinnung kommen wird. Inzwischen wissen wir, dass das vielleicht nicht in dem Maße geschieht, wie wir es uns wünschen. Oder vielleicht gar nicht. Da der Protest gegen ihn jedoch immer lauter wird und die Gegenmaßnahmen gegen seine Entscheidungen direkter werden, scheint sich der Bann zu lösen und in einen selbstbestimmten Widerstand zu münden. Das ist wichtig, denn es ist zu befürchten, dass Trump umso schlimmer agiert, je mehr er spürt, alles und alle in seiner Hand zu haben.

»Narzissten« versuchen in jedem Kontakt, ein *expanded self* mit einem anderen herzustellen, doch wirklich gelingen wird es meist nur bei den sogenannten »Komplementärnarzissten«. Das bedeutet: Je mehr Selbstzweifel und Unsicherheiten das Gegenüber hat, umso größer ist die Gefahr, vom »Narzissten« vereinnahmt zu werden. Für den Umgang mit ihm ist es daher unerlässlich, selbstbewusst und autonom aufzutreten.

25. Das Dramadreieck und die Suche nach dem Schuldigen

Die besten Verteidigungsmechanismen von narzisstischen Menschen bestehen in Beschuldigen und Verachtungzeigen, und sie kommen besonders in Konfliktsituationen zum Tragen. Statt einen bestehenden Konflikt zu analysieren, zu besprechen und zu lösen, reagieren »Narzissten« aggressiv und machen ihr Gegenüber für ihre Probleme verantwortlich. Auf diese Weise wird der Konflikt nicht gelöst, sondern nur vermieden. Was wie eine Lösung aussieht, ist ein psychologisches Spiel mit drei verschiedenen psychologischen (nicht juristischen) Rollen: dem Opfer, dem Verfolger und dem Retter. Das Spiel hat den Zweck, einen Schuldigen auszumachen, der dann bekämpft und angeklagt wird und gegen den sich die ganze Wut richten kann. Man selbst bleibt unbeschadet, denn alle Schuld liegt beim anderen. Eine solche Kommunikation folgt dem Muster des sogenannten Dramadreiecks:

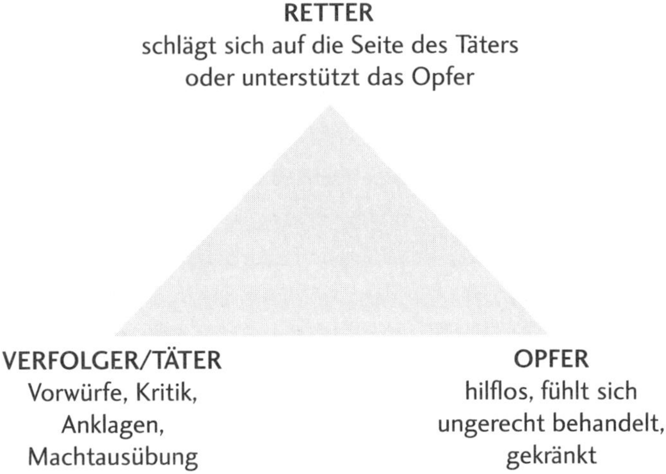

Zwei prägnante Beispiele aus den USA sollen das demonstrieren:

Präsidentensprecher Sean Spicer (Verfolger) behauptete, die Besucherzahlen bei Trumps Vereidigung seien die größten der Geschichte gewesen. Der Presse (Opfer) warf er vor, Lügen zu verbreiten, weil sie gegenteilige Zahlen veröffentlichte. Die Beraterin von Trump (Retterin), Kellyanne Conway, verteidigte Spicers Behauptungen als »alternative Fakten«, nachdem für alle klar war, dass er gelogen hatte – und nicht die Presse.

Die Moslems würden Amerika durch Attentate bedrohen (Täter), Amerika sei dem hilflos ausgeliefert (Opfer), Trump macht die Grenzen dicht und deklariert einen Einreisestopp, um das Land zu schützen (Retter).

In einem Dramadreieck ist eine konstruktive Auseinandersetzung nicht möglich, weil keiner dem anderen wirklich zuhört und bereit ist, dessen Ansichten anzuhören und zu prüfen. Man folgt nur noch seiner eigenen Argumentation. Versucht man, den anderen vom Gegenteil zu überzeugen, werden alle Begründungen abgewiegelt und einem das Wort im Mund herumgedreht, sodass man am Ende als der Schuldige und Dumme dasteht. Keiner ist bereit, seinen Anteil an dem Konflikt zu sehen, sondern stempelt den anderen zum Idioten und Lügner ab. Eine Reflexion über den Konflikt lässt keiner zu. Stattdessen wird demjenigen die Schuld gegeben, durch den man sich bedroht, belogen, entwertet oder manipuliert fühlt.

Sehr häufig ist der Auslöser einer Kommunikation im Dramadreieck das Gefühl, gekränkt worden zu sein. Die Kränkungswut kann so groß werden, dass die Gekränkten jegliche verbindlichen Umgangsformen verlieren, den anderen anklagen, verurteilen, mit Worten verletzen oder sogar handgreiflich werden.

Die narzisstisch Gekränkten fühlen sich als die bedauernswerten Opfer, denen Böses angetan wurde, wogegen sie sich wehren und verteidigen müssen. Meist holen sie sich Retter an die Seite, also Menschen, die ihnen nach dem Munde reden und sie in ihrer Opferposition bestätigen. Mit dem Retter an der Seite fühlen sie sich gestärkt, um den Kampf gegen den Täter aufzunehmen. Doch dieser Kampf führt zu keiner Lösung, sondern eskaliert. Indem die Helfer die Position des Opfers unterstützen, verschärfen sie den Konflikt, anstatt einen Ausgleich zu bewirken. Oder sie paktieren mit dem Täter und geben dem Opfer die Schuld. Die Rollen können schnell und andauernd wechseln.

Erdogan (Opfer) reagierte auf die Satire von Jan Böhmermann (Täter) mit einer massiven Wut, die deutlich machte, wie verletzt und gekränkt er war. Er mobilisierte die Justiz (Retter), die eine Klage gegen Böhmermann einreichte. Seine Kränkung gab Erdogan nicht zu, sondern er rächte sich an dem Täter. So wurde er selbst zum Täter und Böhmermann zum Opfer.

Die Eskalation nimmt ihren Weg, wenn sich nun das Opfer seinerseits wieder am Täter rächt. Dieser schlägt zurück und so weiter. Auf diese Weise steigt die Aggression bis zur gegenseitigen Vernichtung.

Schlimm wird es auf der Weltbühne, wenn Kränkungen zu Gewalt gegen andere Staaten und deren Bevölkerung führen. Die Eroberung der Krim und das militärische Eingreifen der Sowjets in den Syrienkonflikt haben viele Ursachen. Eine davon liegt vermutlich in der Kränkung Putins durch Obama (Täter), der der Sowjetunion nur noch den Status einer Regionalmacht zusprach. Das konnte Putin (Opfer) nicht auf sich sitzen lassen und hat der Welt und seinem Volk bewiesen, dass er sehr wohl international mithalten kann. Seine kriegerischen Handlungen waren auch eine Rache des Opfers und machten ihn zum Täter. In Assad fand er einen Retter, durch den er Stärke demonstrieren konnte.

Die hohe Kränkbarkeit aufgrund narzisstischer Persönlichkeitsanteile, verbunden mit einer Kommunikation in Schuldkategorien aus der Opfer-Täter-Retter-Konstellation, finden wir bei allen Autokraten. Diese Art des Umgangs ist gefährlich, denn sie heizt Konflikte an, statt sie zu deeskalieren. Wie schnell kann ein Funke einen Flächenbrand auslösen.

Das Verhalten der Beteiligten ist in der Regel unbewusst; sie haben höchstens ein diffuses Gefühl, dass irgendetwas nicht stimmt. Die Unbewusstheit macht es so schwer, die Dynamik des Dramadreiecks aufzudecken und zu unterbrechen. Auch reagieren die Beteiligten nicht auf korrigierende Botschaften von außen. Da hilft nur ein neutraler Retter, beispielsweise ein Konfliktberater oder Coach oder Diplomat, der nicht im Dramadreieck verwoben ist. Er kann sich Gehör verschaffen und Einfluss nehmen, wenn er von allen Beteiligten anerkannt wird.

26. Narzisstische Kränkung und Rache

Kränkungen sind ein wesentliches Merkmal narzisstischer Strukturen. In der Kränkung fühlen sich Menschen entwertet, nicht gesehen, nicht wichtig und nicht ernst genommen. Deshalb achten sie besonders stark darauf, gerecht und fair behandelt zu werden. Narzisstische Menschen sind sehr empfindlich, wenn sie das Gefühl haben, dass andere vorgezogen werden und sie selbst zu kurz kommen. Daraus resultieren Eifersucht und Neid, die oft überhandnehmen können. Fairness bedeutet für sie auch, dass andere ihre Meinung teilen. Tun sie das nicht, werfen sie ihnen vor, unfair zu sein, obwohl sie nur einen anderen Standpunkt vertreten. Das erleben sie jedoch als Angriff auf ihre Person und reagieren mit Hilflosigkeit, Empörung, Zorn und einer Kränkungswut, die bis zur Rache reichen kann. Die Gekränkten rächen sich an dem, der für diese Kränkung verantwortlich ist. Dadurch setzt die Dynamik des Dramadreiecks ein: Die gekränkten Opfer schlagen zurück und klagen den Täter an.

So geschah es in Amerika, als Trump kurzerhand die kommissarische Justizministerin entließ, nachdem sie den umstrittenen Einreisestopp für Muslime kritisiert und die Anwälte ihrer Behörde angewiesen hatte, das Dekret juristisch nicht zu verteidigen. Sie habe das Weiße Haus verraten. Was für eine Umdeutung der Realität! Sie hat lediglich Kritik geäußert und eine autonome Entscheidung getroffen. Es war eine massive Kränkung für die Regierung Trump, und die Rache war ihre Entlassung.

Die Rache ist eine emotional unreife Reaktion auf erlebte Kränkung und Enttäuschung. Blind vor Wut schlagen gekränkte Menschen um sich. Die Aggression wird ungefiltert ausgedrückt, weil den Menschen keine konstruktive Form der emotionalen Verarbeitung zur Verfügung steht.

»Wie du mir, so ich dir! Und dann noch ein bisschen mehr, denn es soll dir so wehtun, wie es mir wehgetan hat.« Je stärker das Selbstwertgefühl verletzt und die innere Balance gestört ist, umso heftiger ist die Rache. Sie reicht von Schimpfen über Anklagen und Schlagen bis zum Anzetteln von Gewalttaten. Nicht wenige Morde und Kriege sind Folge der destruktiven Gewalt, die aus Kränkungen, Verletzungen und tiefer Ohnmacht erwächst und einzig die Zerstörung zum Ziel hat. Als würde der Gegenschlag für Gerechtigkeit sorgen und den Gekränkten wieder stark machen.

Narzisstische Menschen, deren Selbstwertgefühl nicht stabil ist und die zur Bestätigung ihres Selbstbildes auf die immerwährende Anerkennung und Bewunderung von außen angewiesen sind, können schon durch scheinbar geringe Anlässe gekränkt werden, wie die hochgezogene Augenbraue ihres Gegenübers. Sie erleben das als

Entwertung und Kritik und sind ungehalten. Es gelingt ihnen nicht, sich innerlich wieder ins Gleichgewicht zu bringen und ihren Ärger so auszudrücken, dass sie dem anderen nicht schaden. Meist wollen sie den anderen vorsätzlich verletzen oder vernichten.

Besonders die Scham und Schmach sind für narzisstisch verletzte Menschen in Kränkungssituationen kaum auszuhalten. Das kann zum Beispiel die Ablehnung einer Bewerbung für einen Job sein und die damit einhergehende Konfrontation mit dem eigenen Versagen und dem Gefühl von Wertlosigkeit. Ein anderer wird ihm vorgezogen, ist also besser als er. Wie steht er nun da, was halten die anderen von ihm? Sein Selbstbild kann er nur aufrechterhalten, indem er das Auswahlverfahren entwertet oder die Stelle im Nachhinein schlechtmacht. Er deutet also die Realität so um, dass er sich nicht mehr schämen muss. Und wenn das Selbst instabil ist, bedarf es vieler Umdeutungen, um das innere Gleichgewicht wieder aufzurichten.

27. Blenden, Lügen, Postfaktisches

»Narzissten« sind Blender, die sich und anderen etwas vormachen. Sie sind geblendet von ihrer Selbstbespiegelung, ihren Erfolgen und ihrem Nimbus, mit dem sie sich umgeben, und blenden damit auch die anderen.

Doch das Blendwerk ist mitunter schwer zu erkennen, weil sie ihre Vorstellungen so überzeugend vortragen, dass kaum einer Zweifel hegt. Sie schaffen es beispielsweise, jede belanglose Geschichte zu einer tollen Story zu machen, indem sie übertreiben, Dinge hinzufügen oder weglassen und mehr Dramatik hineinlegen, als in Wirklichkeit herrschte. Die Grenze zur Unwahrheit ist nicht immer genau auszumachen. Im Lauf der Zeit wird jedoch deutlich, was sie wirklich einlösen können.

Blender gibt es nicht nur in der Politik und in Führungsetagen, wir finden sie überall. Ihre Überzeugungskraft ist so groß und ihr Glaube an sich und ihren Erfolg so stark, dass sie selbst und ihre Mitmenschen darauf reinfallen. Das ist dann ein falsch gedeutetes Charisma, weil es nicht hält, was es verspricht.

Der Unterschied zwischen charismatischen Führern und Blendern ist, dass Erstere ihre Kompetenz dafür einsetzen, ein gutes Ergebnis für alle zu erreichen. Wir sehen das beispielsweise am Verhalten und Einsatz von Frank-Walter Steinmeier, der als Außenminister seine diplomatischen Gespräche für die Deeskalation von Konflikten einsetzte. Trump dagegen drückt seine Vorstellungen ohne Rücksicht auf politische Verwerfungen durch.

Der Blender setzt in erster Linie sich selbst ein Denkmal, unabhängig davon, ob es im Sinne der anderen ist. Er bepudert sich selbst, statt sich für andere und das große Ganze einzusetzen.

Gefährlich wird es bei ausdrücklichen Lügen und Desinformationskampagnen, wie sie der Welt im Vorfeld des Irakkrieges aufgetischt wurden. Man hatte den Eindruck, jeder wüsste, dass es dort keine Massenvernichtungswaffen gab und die Satellitenaufnahmen entweder gefälscht waren oder völlig unbedeutende Gebäude zeigten. Diese Lügen wurden dennoch dafür eingesetzt, einen Krieg anzuzetteln – mit unendlichem Leid für die Bevölkerung. Hunderttausende Opfer waren es im Krieg selbst, und knapp eine Million kam von 2003 bis 2011 unter der Besatzung noch dazu. Dieser Krieg ebnete zudem den Weg für das Erstarken terroristischer Gruppierungen, die das Führungsvakuum ausnutzten. Verheerende Auswirkungen, nur um politische Stärke zu signalisieren. Wie konnte es sein, dass ein ganzer Führungsstab sich auf diese Unwahrheiten einließ? Sicher ist eine Quelle die massive Kränkung, die die USA durch die Anschläge des 11. September 2001 erfahren hatten. Die Nation wurde im Innersten verletzt, ihre Unverwundbarkeit als stärkste Macht der Welt wurde zerstört, und die daraus resultierende Wut nahm extreme Ausmaße an. Es wurde ein Vergeltungskrieg begonnen, verbrämt als Befreiung von einem autoritären Herrscher, Saddam Hussein. Und verbunden mit der grandiosen Vorstellung, dafür als Befreier gefeiert zu werden, wie nach dem Zweiten Weltkrieg in Deutschland. Eine unglaubliche narzisstische Vorstellung, die das immense Leid von Millionen in Kauf nahm.

Ein anderes Beispiel ist Donald Trump, der schon im Jahr 1998 damit warb, sich als Präsidentschaftskandidat für die Republikaner zu bewerben. »Wenn ich mich zur Wahl stellen würde, dann für die Republikaner. Sie sind die dümmsten Wähler des Landes. Sie glauben alles, was sie auf Fox News sehen. Ich könnte lügen, und sie würden es schlucken. Ich wette, meine Zahlen wären super.« Das Zitat soll angeblich ein Fake sein, obwohl man es ihm sogar zutrauen würde. Trump wird trotz nachweisbarer Lügen und Halbwahrheiten amerikanischer Präsident.

Lügen haben in narzisstischen Systemen nicht nur die Bedeutung von Falschmeldungen, sondern sind auch ein Instrument der Einschüchterung und Verwirrung. So verbreitete Trump am 20.2.2017 die Meldung von terroristischen Anschlägen in Schweden, obwohl sie aus der Luft gegriffen waren. Er wollte nur der Bedrohung durch radikale Einwanderer Nahrung geben und Angst schüren. Dadurch wird der Bezugsrahmen von Rationalität und Realität zerstört und dem »Volk der Kompass genommen«.[33] Wenn Menschen immer wieder angelogen werden, führt es nicht dazu, dass sie die Lügen irgendwann glauben, sondern dass am Ende keiner mehr irgendetwas glaubt.[34] Das nimmt den Menschen

33 Strittmatter, *SZ* vom 2.1.2017

34 Hannah Arendt, Philosophin, die über den Totalitarismus forschte

jede Orientierung und Handlungsfähigkeit und macht sie zu leichten Opfern für autoritäre Machthaber.

Lügen werden heute oft als postfaktisch entschuldigt, denn nicht der Anspruch auf Wahrheit führe im »postfaktischen Zeitalter« zum Erfolg, sondern die gefühlte Wahrheit.

»Postfaktisch nennt man einen gesellschaftlichen Zustand, in dem die Fakten keine Rolle mehr in politischen Auseinandersetzungen spielen, weil immer größere Bevölkerungsgruppen darauf beharren, ihre gefühlte Wahrheit stimme nun mal nicht mit den Fakten überein, und überhaupt seien die Fakten gar keine Fakten, sondern Machinationen der Lügenpresse.«[35]

Emotionen statt Fakten, gefühlte Wahrheit statt Belege. Damit kann alles so interpretiert werden, wie es einem passt. Das ist auch eine Facette des Narzissmus.

28. Die dunkle Seite der Macht – der Luzifer-Effekt

Immer wieder stellen wir uns die Frage: Wie kann es passieren, dass ein unauffälliger Mensch plötzlich zum Mörder wird? Was bewegt Soldaten, perverse Gewalthandlungen an Gefangenen vorzunehmen? Was treibt

35 Mathias Heine

Jugendliche an, sich dem IS anzuschließen und bei Terroranschlägen ihr Leben zu riskieren? Wie kann es sein, dass aggressive, unterdrückende Regime bejubelt werden? Wie konnte Hitler an die Macht kommen?

Im Zusammenhang mit dem Holocaust hört man die immer wiederkehrende Botschaft: »Das darf nie wieder passieren!« Aber es könnte grauenhafterweise wieder geschehen. In jedem Land, auch mit den aufgeklärten Menschen des 21. Jahrhunderts. Der Mensch kann nämlich zu einem gewalttätigen, perversen Wesen mutieren, sobald die Umstände ihn dazu machen. Die schrecklichen Bilder gedemütigter Gefangener im Abu-Ghraib-Gefängnis im Irak sind uns allen noch in Erinnerung.

Wer den Film »Die Welle« gesehen hat, der hat eine solche Entwicklung zur Gewalt in Wort und Bild nachvollziehen können. Sie können jetzt entgegnen, es habe sich nur um einen Spielfilm gehandelt. Ja, es ist ein Film, aber er bildet das ab, was der Psychologieprofessor Philip Zimbardo 1971 in seinem berühmten »Stanford-Prison-Experiment« (SPE) der Welt demonstrierte.

Normale Studenten wurden per Zufallsauswahl für die Gruppe der Wärter und Gefangenen in einem Versuchsgefängnis ausgesucht. Die Wärter handelten sehr schnell extrem sadistisch, die Gefangenen dagegen nahmen das Rollenspiel zunehmend für bare Münze und wurden depressiv. Sie wehrten sich nicht und brachen das Experiment auch nicht ab, wie sie es hätten tun können. Sie benahmen sich wie Zombies und erfüllten die Forderungen der Wärter mit »hirnlosem Gehorsam«[36]. Das für zwei Wochen geplante Experiment musste nach sechs Tagen abgebrochen werden, weil es auf dramatische Weise außer Kontrolle geriet.

Es gab allerdings unter Wärtern wie unter den Gefangenen einige, die sich auflehnten. Trotzdem wurden die aufständischen Häftlinge nicht von ihren Mitgefangenen in ihrem Widerstand unterstützt, sondern sie wurden als Störenfriede beschimpft. Damit bekräftigten sie das gewalttätige Verhalten der Wärter, schützten sich aber selbst vor Vergeltung. Dieses Verhalten ist als Stockholmsyndrom bekannt, bei dem die Opfer von Gewalttaten aus seelischer Not ein positives emotionales Verhältnis zu ihren Entführern aufbauen. Dies kann dazu führen, dass die Opfer mit den Tätern sympathisieren und mit ihnen kooperieren. Eine in meinen Augen verständliche Form des Selbstschutzes in einer unkontrollierbaren Gefahrensituation.

Die Wandlung vom »normalen« Menschen zur Bestie nennt Zimbardo den »Luzifer-Effekt«. Schnell sind wir dabei, die Ursache allein in der jeweiligen Person zu suchen, in ihrer Pathologie und seelischen Störung. Das Stanford-Prison-Experiment zeigt aber, wie hoch die

36 Zimbardo, S. 192

Wirkung sozialer Umstände ist und wie sie Menschen korrumpiert.

»Diese Übergriffe der Soldaten oder Wächter passieren nicht, wenn es eine starke Führung gibt – eine klare, transparente Autorität, die das Zufügen von Leid mit Regeln verbietet …«[37]

Unter George W. Bush wurde nach den Anschlägen im September 2001 die Anwendung von Folter erlaubt. Die Regierung bereitete damit den Weg für ungezügelte Gewalt im Irakkrieg, die natürlich immer auch kriegsimmanent ist. Die Verantwortung der Regierung wurde zwar diskutiert, jedoch wurde keiner ihrer Vertreter zur Rechenschaft gezogen, sondern man machte allein die Soldaten für ihr Verhalten verantwortlich.

Um Grausamkeiten dieser Art ausführen zu können, müssen Menschen vorübergehend ihr Verhalten von ihrer moralischen Einstellung abkoppeln.[38]

Ein Beispiel soll das verdeutlichen:

»Während der Kulturrevolution in China sahen viele Bewohner des alten Reiches, wie heilige Denkmäler zerstört und sogenannte ›Feinde des Volkes‹ getötet wurden. Oder sie erlebten solche Gräueltaten wie den ›Kanniba-

37 Zimbardo, S. 208

38 Siehe Banduras Theorie der moralischen Abkoppelung in Zimbardo, S. 16

lismus in Guangxi‹. Ihre Persönlichkeiten wurden dermaßen entfremdet, dass sie in jeder Situation im Einklang mit den Richtlinien der Partei zu stehen schienen. In der Tat scheint dieses psychologische Phänomen im letzten Jahrhundert von vielen Diktaturen weltweit mit Erfolg genutzt worden zu sein. Dadurch konnten sie die Feinde unterdrücken und die Gesellschaft kontrollieren und nach ihren Idealen formen.«[39]

Sobald sich die Situation ändert, können die Menschen sich wieder an ihre moralischen Grundsätze ankoppeln und sich ebenso normal verhalten wie zuvor.

Die Bedeutung, die der Einfluss des umgebenden Systems auf das Verhalten der Menschen hat, ist auch der Grundgedanke der systemischen Therapie.

Um Probleme verständlich und veränderbar zu machen, reicht es oft nicht aus, nur das Individuum zu behandeln, sondern es ist erforderlich, das System Familie, Schule und Gesellschaft mit einzubeziehen. Das bedeutet nicht, dass die Menschen von der Verantwortung für ihr Handeln und ihre Gesinnung befreit sind. Es zeigt aber, dass Person und Umwelt nicht voneinander trennbar sind und sich gegenseitig beeinflussen.

»Aber wenn es klar ist, dass eine Situation den freien Willen eingeschränkt hat, dann sind sie nicht allein

---

39 http://www.epochtimes.de/wissen

dafür verantwortlich zu machen. Dann stellt sich die Frage: Wer hat die Situation geschaffen?«[40] Und wer hat zugelassen, dass sich so jemand etablieren konnte?

Das ist beispielsweise eine interessante Frage im Zusammenhang mit Trumps Berater Steve Bannon, dem »heimlichen Präsidenten«. Wo hat er seine ultrarechte Einstellung entwickelt, welche persönlichen Hintergründe spielen eine Rolle für seinen unglaublichen Hass? Wenn wir danach suchten, bin ich sicher, dass wir auf viele systemische Ursachen stoßen würden, beginnend in der Familie.

Zimbardo nennt folgende Bedingungen, unter denen sich das Böse entwickeln kann:

Armut, eine lieblose Erziehung, erlebte Gewalt, Entmenschlichung, Krieg, Folter, Völkermord, Frauenhandel und Gleichgültigkeit.

Das Böse beginnt klein, mit einer Notlüge, einer geringen Verdrehung der Tatsachen, dem Negieren von Unrecht, und weitet sich im Lauf der Zeit immer mehr aus.

Und was kann man gegen den Luzifer-Effekt tun bzw. wie stoppt man ihn, wenn er ausgelöst ist? Auf der individuellen Ebene durch Empathie und Mut. Nur wer sich in

40 http://www.wienerzeitung.at/themen

die Qualen eines gefolterten Häftlings einfühlen kann, kann sich gegen Folter aussprechen. Und den Mut brauchen wir, um Ungerechtigkeiten wahrzunehmen und zu benennen. Nicht wegschauen, sondern Position beziehen und Stellung nehmen, auch wenn sonst niemand reagiert. Die Politik und die Gesellschaft können eine Eskalation der Aggression nur durch die Stärkung der Demokratie verhindern. Es braucht gut funktionierende demokratische Instanzen und Menschen, die für die Demokratie einstehen. Demokratie sei nichts Selbstverständliches, wie Hildegard Hamm-Brücher sagte, sondern muss immer wieder neu errungen und verteidigt werden.

29. Fremdenangst und Populismus

In der neuesten Studie der Bertelsmann Stiftung[41] wurden die Gründe für den Zulauf zu populistischen Parteien untersucht. Der Hauptgrund ist die Angst vor der Globalisierung. Sie äußert sich in der Furcht vor Überfremdung, vor dem Verfall der eigenen Werte und vor dem Verlust der eigenen Kultur. Die Menschen befürchten, dass sie fremd im eigenen Land werden, ihnen

41 Globalisierungsangst oder Wertekonflikt? Wer in Europa populistische Parteien wählt und warum. Bertelsmann Stiftung 3/2016

ihre Jobs und Wohnungen von den Zuwanderern weggenommen und sie abgehängt werden. Je älter die Menschen sind und je geringer ihr Bildungsstand ist, umso größer ist ihre Angst.

Fremde im eigenen Land werden als Kränkung erlebt. Sie lösen Neid und eine aggressive Gegenreaktion aus. Verbunden mit der paranoiden Angst vor allem Unbekannten ist das eine brisante Mischung. Die Gekränkten wehren sich gegen diejenigen, die scheinbar für ihre Kränkung verantwortlich sind, und überwinden ihr Gefühl von Machtlosigkeit durch ihre Aggression gegen alles Fremde.

Das Vertrauen in die bisherige Politik ist verloren gegangen, und Hilfe erwarten die Menschen von denen, die Deutschland deutsch machen wollen. Der Nationalismus entängstigt, man kommt wieder bei seinen Wurzeln an und muss sich nicht mehr von den Fremden bedroht fühlen. Man schließt sich Mächtigen an, die für die eigenen Bedürfnisse kämpfen. Die populistischen Parteien übernehmen quasi eine Schutzfunktion für die ängstlichen, hilflosen Bürger, als könnten sie die Globalisierung aufhalten.[42]

Die schon länger vorhandenen rechtspopulistischen Einstellungen finden in der AfD und bei Pegida eine Heimat. Was besonders erschreckt, ist die Tatsache,

---

42 Anna Molly, Lets denk Video

dass rechtsnationale Menschen nicht nur bereit sind, ihre Ideologien mit Gewalt durchzusetzen, sondern sie sogar als legitimes Mittel der Auseinandersetzung ansehen. Sie befürworten körperliche Gewalt gegen Fremde als Möglichkeit, um für Ordnung zu sorgen. Sie sehen sich als Rebellen gegen die Repräsentanten der Demokratie, die für sie Volksverräter sind.[43] Wie in den USA finden wir auch hier die Verachtung und den Kampf gegen die Eliten, denen die Verantwortung für die gesellschaftlichen Missstände und die ungezügelte Einwanderung gegeben wird.

Der Hass, mit dem Rechtspopulisten gegen Asylanten, Flüchtlinge und andere Volksgruppen vorgehen, ist wie ein Dosenöffner für die eigene unterdrückte Wut. Man hat nun einen Feind, gegen den sich alle Aggression richten kann, und wird durch die rechtspopulistischen Parteien und Bürgergruppen auch noch in der Richtigkeit seines Tuns bestätigt. Interessant daran ist, dass dieser Hass auch aus anderen Quellen stammt und die Fremden das Objekt sind, auf das er sich richtet. Alle bisher erlebten Ungerechtigkeiten, Gewalttaten, Ablehnungen, Entwertungen und Selbstwertverletzungen haben die Wut genährt und finden nun ihren Ausdruck. Die Lösung liegt jedoch nicht in der Bekämpfung von Feindbildern, sondern darin, sich seiner Wut

43 Siehe Mittel-Studie

und seinem Hass zu stellen und sie in sich aufzulösen. Das ist aber ein viel schwierigerer Weg, als auf andere draufzuhauen.

Auch die Spaltung der Welt in Gut und Böse bietet den ideologischen Hintergrund für die Verfolgung Andersartiger. Sie gehören zu den Bösen, denen man all das Schlimme zutraut, das man von sich weist. Man projiziert das Übel auf diese Menschen, die sich im schlimmsten Fall mit diesem Bild identifizieren und sich dementsprechend verhalten. Jede Verhaltensabweichung der Fremden untermauert dann die eigene Überzeugung vom schlechten Ausländer. Diese Feindlichkeit kann bis zur Dämonisierung reichen, zur totalen Fixierung auf die Vernichtung des Gegners. Dahinter steckt meist eine paranoide Angst, von diesen Menschen bedroht zu werden. Die Angst wird kanalisiert in Aggression und Gewalt.

Die Zugehörigkeit zu einer Gruppe wie Pegida hat eine selbstwertstärkende Wirkung, weshalb man versucht, sie aufzuwerten. Mithilfe der Gruppe und ihrer Ideologie wird das individuelle Selbstbild konstruiert. Steht man auf der untersten Stufe in der Gesellschaft oder fühlt man sich zumindest so, muss man eine andere Gruppe finden, die noch weiter unten ist als man selbst. Dazu eignen sich Flüchtlinge und Zuwanderer aus anderen Nationen. Ihre Entwertung oder sogar hasserfüllte Verfolgung wertet die eigene Position auf und kompensiert die Scham über die eigene Minderwertigkeit. Auf diese Weise dienen Fremdenfeindlichkeit und Gewalt gegen Sündenböcke der narzisstischen Stabilisierung. Man ist nicht mehr ganz unten. Das ist der Grund, warum sie sich ihr Feindbild nicht nehmen lassen, warum es so schwer ist, mit ihnen zu diskutieren und sie von der Unrichtigkeit ihrer Gedanken zu überzeugen.

»Im messianischen Eifer ziehen Narzissten mit ihren Jüngern quasi in den heiligen Krieg, sie verlangen blinde Ergebenheit und verstehen es, die Gruppenkohäsion hochzuhalten durch ein Feindbild, in das alles Schlechte projiziert wird.«[44]

Diese Worte erinnern stark an fanatische IS-Kämpfer, obwohl dieses Zitat bereits aus den 1980er-Jahren stammt, als es den sogenannten Islamischen Staat noch gar nicht gab. Der Ausspruch gilt jedoch für alle, die glauben, andere mit Macht und gegebenenfalls mit Gewalt von ihrer Meinung überzeugen zu müssen. Ein solcher Kämpfer steckt in jedem narzisstischen Menschen und macht ihn daher für seine Umwelt so gefährlich. Denn für den Erhalt des eigenen Selbstwertgefühls ist er sogar bereit, Andersdenkende zu zerstören.

Interessanterweise kreuzen sich die Ängste der Fremdenhasser mit denen der Migranten. Auch Flüchtlinge

44 Willi, S. 68

oder Asylanten fühlen sich entwertet, verfolgt, verdrängt, am Rande der Gesellschaft und als Opfer der Verhältnisse. Zwei Gruppen, die ihre mindere gesellschaftliche Position eint und zugleich trennt. Beide reagieren aus dem Minderwertigkeitsgefühl heraus, das sich in gegenseitiger Wut, Ablehnung und Hass äußert.

30. Prävention von Radikalisierung

Die Radikalisierung Jugendlicher für terroristische Gruppen resultiert zum einen aus dem Gefühl, ein Niemand zu sein und sich durch die Stärke der Gruppe aufzuwerten, an die man sich angeschlossen hat. Zum anderen geben deren klare und strikte Regeln Halt und Orientierung. Da diese Jugendlichen lange Zeit völlig unauffällig und scheinbar gut integriert leben, ist es schwer, sie im Vorfeld zu identifizieren, um sie von ihrem Vorhaben abzubringen.

Dadurch wachsen der Einfluss und die Verantwortung des umgebenden Systems: der Gesellschaft, Schulen, Moscheen und Familie. Diese Systeme unterstützen die Radikalisierung und Anwerbung Jugendlicher für terroristische Ziele, sind aber auch Verbündete im Kampf dagegen.

Wenn das System einen so großen Einfluss auf das Gewaltverhalten von Menschen jeden Alters hat, wie wir es schon bei dem Stanford-Prison-Experiment gesehen haben, dann ist es wichtig, zuerst einmal die entscheidenden Elemente zu identifizieren, die den Luzifer-Effekt auslösen:

- Die Radikalen und Fremdenhasser fühlen sich von außen bedroht durch Andersgläubige.
- Eine übergeordnete Autorität setzt dem gewalttätigen Verhalten nichts entgegen, sondern legitimiert es oder ordnet es sogar an. Jugendliche werden in Moscheen von Imamen oder über das Internet direkt durch die IS-Propaganda indoktriniert. Beide erkennen sie als Autoritäten an.
- Der Gruppendruck erzeugt Konformität: Wenn es alle tun, muss ich es auch tun.
- Als Täter, die sich terroristischen Gruppen anschließen, Anschläge planen oder sogar ausführen, bleiben sie meist unerkannt und nicht identifizierbar.
- Die Lebensumstände der Täter sind häufig unangenehm. Oft leben sie zwischen der alten Welt der eingewanderten Eltern und deren Werten und der neuen Welt, in die sie hineingeboren wurden, die sie aber dennoch nicht vollständig anerkennt. Das kränkt, entwertet und schürt Zorn und Hass.
- Den Opfern fehlen individuelle Merkmale. Sie gehören nur zur Masse der Feinde oder der Ungläubigen. Sie werden nicht als einzelne Menschen gesehen.

Diese Faktoren, die auf die Situation von Rechtsextremen, Islamisten und Neo-Salafisten zutreffen, sind nur schwer zu beeinflussen. In Deutschland angeworbene Islamisten identifizieren sich mit der IS-Ideologie und wollen Rache üben für das erlittene Unrecht an ihren muslimischen Brüdern. Meist handelt es sich um Jugendliche in einem Alter, in dem sie auf der Suche nach einer eigenen Identität sind. Wenn man sie alleine lässt, schließen sie sich umso leichter radikalen Gruppen an, die durch ihre Autorität vorgeben, was gut und richtig und was böse und falsch ist und vernichtet werden muss. Sie sprechen emotionale, vorwiegend narzisstische Bedürfnisse nach Bedeutung, Macht und Einfluss an und missbrauchen die Jugendlichen für ihre Ziele. Noch dazu ist Radikalität für junge Menschen attraktiv. Die Omnipotenz, die ihnen die Zugehörigkeit beispielsweise zum sogenannten Islamischen Staat verleiht, wertet sie in großem Maße auf und gleicht den Minderwertigkeitsverlust aus.

An diesem Punkt kann gezielte Prävention helfen, indem sie jungen Menschen andere Orientierungen anbietet und ihnen Möglichkeiten aufzeigt, ihren Selbstwert auf andere Weise zu stärken als über Terror. Diese Präventionsprogramme sollten an Schulen etabliert und im Lehrplan aufgenommen werden. Leider geschieht das zurzeit immer noch nicht. Jeder Schule, jedem Bundesland bleibt es überlassen, welche Art der Prävention sie einführen. Es gibt Hunderte Präventionsprojekte, die viel Geld kosten, doch es fehlt eine bundesweite einheitliche Strategie, die viel mehr Durchschlagskraft hätte.

Beispielhaft sind Kurse, die nicht von Lehrern, sondern von Trainern des Violence Prevention Networks abgehalten werden. Mit der Klasse werden Themen diskutiert wie der Dschihad, die Scharia und das Verhältnis von Frauen und Männern. Schüler lernen dabei auch, selbstbewusst und kritisch zu denken und sich argumentativ auseinanderzusetzen. Dinge zu hinterfragen, um sich gegen Hassbotschaften der Extremisten zu wappnen, ist einer der Hauptschwerpunkte der Präventionsarbeit.

An einem Beispiel soll verdeutlicht werden, wie tolerant der Prophet und wie selbstbewusst seine Tochter war. Das lernen sie in der Moschee sicher nicht:

Die Tochter des Propheten hatte einen nicht muslimischen Mann geheiratet. Daher bat er sie, sich von ihm zu trennen, denn ihm missfiel diese Ehe. Seine Tochter weigerte sich, denn sie liebte ihren Mann und wollte bei ihm bleiben. Was tat der Prophet? Nichts![45]

Das Violence Prevention Network nennt seine Arbeit Verantwortungspädagogik®. Die Trainer arbeiten

45 Siehe Mittagsmagazin vom 26.1.2017

nicht mit Verurteilung und Demütigung, sondern mit Akzeptanz, Verstehen und Verständnis. Und dieser Ansatz ist auch systemisch, denn er beschränkt sich nicht alleine auf die Person, sondern bezieht das Umfeld und wichtige Angehörige mit ein. Beides ist wesentlich, um einen nachhaltigen Effekt zu bewirken.

31. Dentale Hemmung und Faktencheck

Das dynamische Wechselspiel zwischen Narzissmus und Macht beruht einerseits auf den Machtgelüsten des Herrschers, auf der anderen Seite auf dem Bedürfnis der Beherrschten nach Unterwerfung, Schutz und blinder Gefolgschaft. Diese Unterwerfung ermöglicht überhaupt erst die Herrschafts-Macht.[46]

Die Auslieferung an einen mächtigen Führer beruht meist auf einer passiv-unterwürfigen Haltung, die auch »dentale Hemmung«[47] genannt wird. Unter diesem Begriff aus der Gestalttherapie versteht man eine Beiß- und Kauhemmung, die es nicht erlaubt, Inhalte auf ihre Richtigkeit hin zu prüfen. Die Menschen übernehmen alles unkritisch, ohne es zu hinterfragen. Sie schlucken quasi alles, was man ihnen vorsetzt, ohne es »zu

46 Wirth 2002, S. 3
47 Perls 1987

zerkauen«. Dentale Hemmung beschreibt die Haltung der Mitläufer, die nicht auffallen und aus Angst vor dem Widerstand alles hinnehmen, auch wenn es ihnen nicht passt. Mit diesem Konstrukt wurde das Verhalten vieler Menschen im Nationalsozialismus erklärt.

Nur wenn wir unsere Zähne einsetzen und die Nahrung zerkleinern, können wir sie schmecken und jene Teile ausspucken, die unverdaulich sind, um die herunterzuschlucken, die gut für uns sind. Dasselbe müssen wir auch mit Inhalten tun, mit Meinungen, Ideen, Propaganda. Auch sie müssen wir zerlegen, um festzustellen, was an ihnen akzeptabel ist und was man zurückweisen muss. Ob sie sinnvoll sind und man sie deshalb befolgt oder ob es Unfug und Unrecht wäre, sich ihnen zu fügen. Dentale Hemmung bedeutet, nichts infrage zu stellen, und wenn doch, dann nur im geschützten Rahmen. Nach außen hin aber sind dental gehemmte Menschen angepasst und fügsam.

Auch die schnelle Verbreitung von Falschmeldungen basiert auf dieser dentalen Hemmung. Wenn sie die eigene Meinung bestätigen, werden sie ohne Prüfung für bare Münze genommen und gepostet. Precht nennt das die »normative Kraft des Fiktiven«. Man erzählt einen Blödsinn, und wenn der oft genug wiederholt wird, halten die Menschen ihn für Wahrheit. Beispielsweise die Behauptung, Asylanten würden deutsche Frauen und Töchter vergewaltigen.

Auch im Netz werden Informationen kaum noch überprüft, sondern einfach verbreitet. Dazu bedarf es dann des Faktenchecks: Was ist wirklich dran an …? Das heißt, wir untersuchen Behauptungen auf ihren Wahrheitsgehalt. Das ist noch mehr, als sie nur auf ihren Sinn hin zu untersuchen. Hier geht es um die Wahrheit an sich, die bei allen Behauptungen neuerdings infrage gestellt werden muss.

Ein Könner in Sachen Halbwahrheiten ist Donald Trump, dem es gar nicht um Fakten oder um die Wahrheit geht, sondern um die mediale Wirkung, die er erzeugt. Er erschafft sich seine Realität und leugnet Fakten, wenn sie ihm nicht ins Konzept passen.

32. Spaltung und Verwirrung statt Versöhnung und Orientierung

Polarisierung ist ein Merkmal narzisstischen Handelns sowohl in der Politik als auch in privaten Beziehungen. Es gelingt »Narzissten« sehr schnell, Menschen in zwei Lager zu spalten, die sich untereinander bekämpfen. Sie selbst schlagen sich einmal auf die eine, ein anderes Mal auf die andere Seite, je nach eigenem Vorteil. Polarisierung beruht auf dem Mechanismus, der in der Psychologie *Spaltung* genannt wird.

Spaltung ist ein Bewältigungs- und Schutzmechanismus für die Psyche, um konträre, also sich widersprechende Inhalte auseinanderzuhalten. Es fällt diesen Menschen beispielsweise schwer, jemanden weiterhin zu akzeptieren, der in ihren Augen einen Fehler begangen, sie beleidigt oder unfair behandelt hat. Deshalb lehnen sie diese Person dann völlig ab. Auf diese Weise können dicke Freunde zu Erzfeinden werden. Aber auch umgekehrt kann ein zuvor verhasster Mensch ein Freund werden, weil er sich plötzlich als loyal entpuppt. Dieser Wechsel von Freund zu Feind erfolgt abrupt, ohne Vorwarnung und Zwischenschritte, von einer Minute auf die andere und ist nicht stabil, sondern geschieht immer wieder. Diese plötzliche und schnelle Wandlung in der Bewertung eines Menschen macht Beziehungen instabil und die Personen unberechenbar.

Dass es narzisstischen Menschen nicht möglich ist, beide Seiten nebeneinander existieren zu lassen, hat mit ihrer Unfähigkeit zu tun, Spannungen auszuhalten. Wenn nämlich immer nur eine Seite in den Vordergrund tritt, während die andere Seite verleugnet wird, vereinfacht das die Weltsicht, die Einordnung von Menschen und den Umgang mit eigenen Gefühlen. Dann kann der Feind abgelehnt und der Freund geliebt werden, und man weiß, welche Gefühle wohin gehören.

Um die Spaltung aufrechtzuerhalten, werden immer nur Teile von sich und der Welt wahrgenommen und die anderen abgespalten und verleugnet. Das problemlösende Denken wird dadurch stark eingeschränkt oder ist gar nicht vorhanden. Die Komplexität eines Problems geht dabei völlig verloren, und damit wird auch ein durchdachtes Handeln verhindert. Das passiert beispielsweise dann, wenn jemand auf Kritik unspezifisch mit Wut und Ablehnung des Kritikers reagiert, statt sie als Hilfe zu begreifen, um das eigene Verhalten zu verbessern. Er kann nur den anderen verteufeln und weder die Wichtigkeit der Rückmeldung noch deren Gewinn erkennen.

Durch die Spaltung wird zwar zunächst eine gewisse Spannungs-Entlastung erreicht, doch der Konflikt, der sie auslöste, wird nicht gelöst, sondern wirkt weiter und kann im schlimmsten Fall eskalieren. Denn die Polarisierung beinhaltet immer Gefühle von Wut auf die Illoyalen und Andersdenkenden und lässt keinen Spielraum für Kompromisse, für Konsens und Versöhnung. Das Volk verliert somit seine Widerstandskraft, da es nicht mit einer Stimme spricht, sondern sich untereinander bekämpft. Ein kluger Schachzug des Führenden, der seine Position stärkt und die Gegner unter Kontrolle hält.

Aufgrund dieses Spaltungsmechanismus, der nicht nur für narzisstische, sondern auch für impulsiv-instabile Persönlichkeitsstörungen charakteristisch ist, polarisieren Politiker und Diktatoren die Welt, statt sie zu verbinden und zu versöhnen. Die unterschiedlichen politischen Lager gehen aufeinander los, und politische Gegner werden zu Feinden. Alle Ressentiments werden auf den anderen projiziert und in ihm bekämpft. Darin schlummert ein sehr destruktives Gewaltpotenzial, das auch für die Ausgrenzung einzelner Bevölkerungs- und Religionsgruppen verantwortlich ist. Momentan werden die Muslime in ihrer Gesamtheit an den Pranger gestellt, das heißt, es wird eine Art Krieg gegen eine Volksgruppe geführt. Und dabei wäre es die Aufgabe der Staatschefs, nicht das Kriegerische zu schüren, sondern für Integration und Versöhnung zu sorgen.

Polarisierende Menschen werden schnell als wankelmütig bezeichnet, weil sie ihre Zuneigung ändern, wie es ihnen gerade passt. Das kann sicherlich als Verwirrtaktik bewusst eingesetzt werden, um das Gegenüber im Unklaren zu lassen und zu gängeln. Nicht immer ist es aber ein gezieltes Mittel, um eigene Interessen durchzusetzen, sondern entspringt der unbewussten psychischen Struktur, die durch ihre Instabilität zur Abwehr von Ängsten diese Spaltung notwendig braucht.

Es gibt aber auch einen positiven Effekt der Polarisierung: Innerhalb der unterschiedlichen Lager rücken die Menschen, Parteien oder Staaten näher zusammen. Sie werden stärker, können sich besser wehren und ihre Position wirksamer verteidigen. Ansätze davon geschehen momentan in der EU. Durch die Drohungen der amerikanischen Regierung und den zunehmenden Rechtsruck in Europa rückt die Notwendigkeit, stärker zusammenzuhalten, immer mehr ins Bewusstsein. Vielleicht hoffnungsvolle Aussichten in Zeiten von weltpolitischer Unsicherheit und Frontenbildung.

33. Narzisstische Strukturen der Wirtschaft

Wir finden viel Narzissmus im Wirtschaftsbereich, sowohl im System selbst als auch bei den dort Tätigen. Die Abkoppelung des Ökonomischen vom Menschlichen ist dabei ein wesentlicher narzisstischer Faktor.[48] Wenn alles auf Nützlichkeit, Zins, Profit und Mehrwert reduziert wird, dann entkoppeln wir die Wirtschaft vom Gemeinwohl und damit vom Menschen. Was aber entmenschlicht ist, bedarf keiner Fürsorge und Verantwortung. Es können dann Bankendeals gemacht werden, ohne daran zu denken, wie viele Anleger dadurch womöglich geschädigt werden. Es werden billige Waren um die ganze Welt verschickt, die die heimische Wirtschaft in anderen Ländern zerstören. Nur um des Profits willen.

48 Montagsinterview mit Sparda-Bank-Chef Helmut Lind, »Mich hat mein Ehrgeiz fast krank gemacht«, 21. März 2016

»Wir brauchen eine Versöhnung von Ökonomie, Geld und Menschlichkeit«, sagt der Sparda-Bank-Chef Helmut Lind. Diese Aussage klingt wie ein Gegenmodell zum narzisstischen Größenwahn.

Narzisstische Grandiosität kann gefährlich werden, weil sie alles im Licht des Erfolgs sieht, grenzenlos ist und sich als unfehlbar präsentiert. Zusammen mit einem geminderten Schuldbewusstsein und hoher Aggressivität in einer Umgebung von Gefolgsleuten, die alles gutheißen, entsteht daraus eine explosive Mischung. Sie ist der Boden für Insolvenzen, für das Scheitern der Unternehmensführung und für Korruption. Das haben wir in den letzten Jahren bei Thomas Middelhoff, Uli Hoeneß, bei Unternehmen wie der Deutschen Bank und bei VW erlebt.

Allianz-Chef Oliver Bäte bringt es auf den Punkt:[49] »Um die Allianz in die Pleite zu führen, müsste sie eine Mega-Akquisition aus Ego-Gründen machen, die kulturell und finanziell nicht gut durchdacht ist.« Umso größer wird die Angst vor den Folgen der unbedachten Entscheidungen Trumps bezogen auf die Verhängung von Strafzöllen, die Aufkündigung von Freihandelsabkommen und die Streichung der Regeln zur Bankenregulierung.

Die narzisstischen Auswüchse führen zu Gier, Unmo-

49 Interview mit Allianz-Chef Oliver Bäte, 15. Januar 2017

ral und persönlicher Bereicherung. Das lässt sich sehr gut an überhöhten Bonuszahlungen und Managergehältern sehen, die zu großem Unmut in der Gesellschaft führen.

Der Kanzlerkandidat der SPD Martin Schulz bringt immer wieder – wenn auch etwas polemisch – den beispielhaften Vergleich, dass Manager, die Mist bauen, noch belohnt werden, eine Kassiererin aber bei einem geringfügigen Vergehen ihren Job verliert. So denken viele Menschen, die unter der immer größer werdenden Kluft zwischen Arm und Reich leiden. Sie fühlen sich nicht mehr als Teil der Wohlstandsgesellschaft, was nicht nur in Amerika, sondern auch in Europa viele Wähler in die Hände der Rechtspopulisten spielt. Und dabei steigt die Bedeutung von Managern und Unternehmern für den sozialen und politischen Wandel immer mehr.[50] Sie könnten mit ihrem veränderten Verhalten beispielgebend vorangehen.

Umgekehrt muss man aber auch feststellen, dass das narzisstische Wirtschaftssystem die Entwicklung narzisstischen Verhaltens beeinflusst. Das Verfügen über Macht und Unsummen von Geld sowie der Druck, erfolgreich zu sein und einen hohen Profit zu erringen, beeinflusst die Mitarbeiter so stark, dass ihre narzisstischen Seiten gefördert werden. Und diese wiederum

50 Büschemann, Geld stinkt doch, *SZ* 6.12.2016

sind natürlich notwendig, um in diesem System, wie es sich heute darstellt, zu bestehen und Karriere zu machen.

34. Das Undemokratische am Narzissmus

Die bisherigen Kapitel haben schon in aller Deutlichkeit gezeigt, wie undemokratisch sich der Narzissmus gebärdet. Alles dreht sich um den eigenen Vorteil, alles steht im Dienste des eigenen Selbst. »Narzissten« suchen die alleinige Vormachtstellung, auch wenn sie sich als sozial ausgeben. Narzissmus befördert den Personenkult, die starke Überbewertung und Überbetonung der Führungsrolle einer Einzelpersönlichkeit in Politik und Gesellschaft.

Wie aber soll die Macht vom Volke ausgehen, wenn nur der, der oben steht, alle Macht in Händen hält und bestimmt? Man schaue auf Amerika, wo Tausende von Menschen auf die Straßen gehen und gegen Trumps Präsidentschaft und Dekrete protestieren. Trump, der das Volk wieder sprechen lassen wollte, hat nicht ein einziges Mal auf sie reagiert, so als gäbe es die Protestierer überhaupt nicht. Für diese Gruppe ist er nicht der Präsident, sondern nur für die, die ihn bejubeln.

Narzisstische Führungspersonen arbeiten mit Einschüchterung, Drohungen und Sanktionen, um ihre Interessen gegen andere Meinungen durchzusetzen. Sie kämpfen darum, recht zu haben, wobei es weniger um die Fakten als um den Erhalt ihrer Position geht. Doch Demokratie lebt vom Widerspruch und davon, sich mit gegnerischen Argumenten auseinanderzusetzen. Der sachliche Dialog ist Teil demokratischen Handelns, nicht das rechthaberische Diktieren.

Im narzisstischen Universum gibt es keine Diplomatie, denn das hieße, die Sicht des anderen und das Wohl der Menschen mit einzubeziehen und so zu verhandeln, dass für alle das beste Ergebnis erzielt wird. Diese Haltung würde bedeuten, den Gesprächspartner wichtig und ernst zu nehmen und die eigene Person für kurze Zeit nicht im Fokus zu platzieren. Es hieße, sich auf Kompromisse einzulassen, mit dem anderen einen Konsens zu erarbeiten und die eigenen Vorstellungen an die Situation anzupassen. Doch das gleicht einer Zumutung und kommt daher im narzisstischen System nicht infrage.

Die Mitbestimmung durch das Volk in demokratischen Gesellschaften fordert aber auch von den Bürgern eine verantwortungsvolle Haltung. Sie können sich nicht nur hinter dem starken Mann oder der führenden Frau verstecken, sondern sind als mündige Bürger gefragt. Auch müssen sie damit leben, dass Veränderungen langsam geschehen. Entscheidungsprozesse beziehen viele Meinungen mit ein und werden oft sehr lange abgewogen. Das braucht Zeit und erfordert von den Menschen ein großes Maß an Frustrationstoleranz und emotionaler Kompetenz im Sinne von Emotionskontrolle. Gefühle werden nicht »einfach« ausagiert, sondern durch Fakten kanalisiert und auch von den Führenden nicht durch Hassparolen angeheizt.

Hier setzt vermutlich die Politikverdrossenheit an. Es gibt keinen, der die Dinge in die Hand nimmt und quasi im Hauruck-Verfahren verändert. Die Menschen, die unzufrieden sind, weil sie durch ihre Arbeit ihren Lebensunterhalt nicht bestreiten können, die sich abgehängt fühlen vom gesellschaftlichen Wohlstand, wollen nicht mehr länger warten. Sie haben kein Vertrauen mehr, dass es sich für sie zum Besseren wendet. Ihre Geduld ist am Ende, deshalb lassen sie sich von einfachen Parolen verführen.

Interessant ist, welche Politiker sich der bewussten, direkten Beeinflussung der Massen bedienen. Es sind weniger die demokratisch gewählten Vertreter von SPD, CDU, FDP und den Grünen, sondern die Rechtspopulisten und Autokraten. Das heißt im Umkehrschluss aber auch, dass Demokratie für die Massen wenig anziehend ist, denn sie ist sachlich nüchtern, rational und politisch korrekt. Kein Wunder, dass der Nationalismus in Form des Rechtspopulismus im Moment so viel Zulauf erfährt.

35. Wo ist das Menschliche?

»Narzissten« zeigen sich nicht als die, die sie sind, sondern als die, die sie sein wollen oder meinen, sein zu müssen. Das macht es auch so schwierig, mit ihnen in einen guten Kontakt zu kommen. Sie bieten ein Spiel an, das heißt: »Wer ist der Beste?«, und bleiben immer auf Distanz. Wirkliche Nähe vermeiden sie, weil sie dann Gefahr laufen, dass ihre Maske bröckelt und ein Teil von ihnen zu sehen ist, den sie unter allen Umständen verbergen wollen, nämlich ihr inneres Wesen. Zu groß ist die Gefahr, verletzt, zurückgewiesen oder nicht verstanden zu werden.

Das ist der Hauptgrund, warum sie sich von ihrer Emotionalität abgetrennt haben. Diese lebenslange Abspaltung ihres wahren Wesens führt zu einer immer größeren inneren Entleerung und Leblosigkeit. Die Folge ist, dass für sie nur noch ihre eigene Überheblichkeit oder ihre Enttäuschung über andere Menschen und die Ungerechtigkeit der Welt im Mittelpunkt stehen, dass sie aber ihre Gefühle und Bedürfnisse nicht mehr spüren, geschweige denn in sich zentriert sind. Ihr Blick ist nur nach außen gerichtet, auf ihre Wirkung, nicht nach innen auf ihr Erleben und Fühlen. Davor fürchten sie sich ebenso wie vor ihren Schwächen und Ängsten, ihrer Traurigkeit und Scham. Auch Berührtheit und Bedürfnisse müssen abgewehrt werden, um stark und cool zu sein. Man könnte sagen, es geht im narzisstischen System mehr um den Schein als um das Sein.

Verloren geht dabei der Mensch. Was bleibt, ist das perfekte Funktionieren. Auch die Menschlichkeit fehlt, denn sie setzt Emotionalität voraus, das Einfühlen in den anderen ebenso wie in sich selbst und den Wunsch, mit sich und anderen achtsam umzugehen. Narzisstischen Menschen fehlt die Liebe zu sich selbst, zu anderen Menschen und zur Welt, sie kennen nur gegenseitige Bewunderung oder Ablehnung. Sie setzen Bewunderung und Liebe fälschlicherweise gleich, doch die Suche nach Bewunderung muss unbefriedigend bleiben, weil sie doch nie genügt. Sie ist eine Ersatzbefriedigung für den eigentlichen, nie erfüllten Wunsch nach Achtung, Annahme und Liebe.[51]

»Narzissten« fehlt daher der Kompass für ein menschliches, emotionales und gewinnbringendes Miteinander. Denn so, wie sie sich von ihrem Inneren abspalten, so entmenschlichen sie auch ihr Gegenüber. Wärme, liebevolle Zuwendung, Interesse am anderen und an seinem Wohlbefinden und ehrliche Anerkennung, all das vermisst man in der Begegnung.

51 Miller 1979, S. 90

36. Umgang mit narzisstischen Machtmenschen – ein Minenfeld

Wie aus den bisherigen Kapiteln schon ersichtlich wurde, ist der Umgang mit narzisstischen Menschen äußerst schwierig. Ihr instabiles Selbstwertgefühl macht sie unberechenbar und leicht kränkbar. Somit ist es hilfreich, zu Beginn ihr Selbstwertgefühl positiv anzusprechen, um die Beziehung nicht von vornherein zu gefährden.

Ein Hinweis auf einen vergangenen Erfolg: »Das hat mir sehr an Ihnen imponiert« kann ebenso Wunder wirken wie die Rückmeldung für gutes Aussehen »Sie werden auch nicht älter«. Das mag oberflächlich klingen, ist aber im narzisstischen Universum Balsam für die Seele. Es signalisiert: »Ich bin dir wohlgesinnt und will dich nicht in die Pfanne hauen«, und stabilisiert zumindest vorübergehend den Selbstwert des »Narzissten«. Das ist eine mögliche Basis für eine weitere Auseinandersetzung, auch wenn sie schwankend ist, denn eine falsche Äußerung von uns kann schnell als Zurückweisung oder Kritik erlebt werden und eine aggressive Gegenreaktion auslösen. Wir befinden uns auf einem Minenfeld: Jederzeit können wir auf eine Mine treten und hochgehen. Diese Tatsache fordert von uns Kraft und einen stabilen Selbstwert. Je sicherer wir sind, umso besser können wir uns positionieren, unsere Meinung vertreten und Grenzen setzen, ohne aggressiv und abwertend zu werden.

Auch sind unser Selbstwertgefühl und Selbstvertrauen der beste Schutz gegen narzisstische Manöver wie das *expanded self* oder verbale Attacken und unterschwellige Entwertungen. Wenn wir bei uns bleiben und uns nicht einschüchtern lassen, dann ernten wir womöglich sogar Achtung und Anerkennung. Das wiederum stärkt unseren Selbstwert und macht uns weniger angreifbar.

Zu einer guten Beziehung gehören auf jeden Fall Deeskalation und eine funktionierende Emotionskontrolle unsererseits. Agieren wir ebenso aus wie das narzisstische Gegenüber, geraten wir in einen Schlagabtausch, den der andere sicher gewinnen wird. Provokationen sollten als solche erkannt und unbeantwortet bleiben, wenn sie nicht unhaltbare Vorwürfe beinhalten, wie die Anschuldigungen von Erdogan, Deutschland und die Niederlande würden Nazi-Methoden anwenden. Diese Angriffe müssen zurückgewiesen werden, doch am besten so sachlich wie möglich, ohne selbst Rache zu nehmen. Rache würde ganz sicher nur auf uns zurückfallen und den Konflikt anheizen. Verständigung darf aber auch nicht auf unsere Kosten gehen.

Der beste Schutz, um den Konflikt mit einem »Narzissten« nicht eskalieren zu lassen und ihn womöglich sogar zu lösen, ist eine gewaltfreie Kommunikation.[52]

---

52 Marshall Rosenberg 2012

Sie ist das Gegenteil dessen, wie meist in schwierigen Situationen miteinander umgegangen wird, nämlich mit Urteilen und Etikettierungen, die wir für unser Gegenüber haben (So ein Versager!), dem Leugnen der eigenen Verantwortung für unsere Gefühle (Weil Sie mir das antun, muss ich leiden!), das Suchen nach Schuldigen (Sie allein haben das verbockt), das Bewerten (So ein miserabler Mensch!) und das Fordern statt Bitten. Wenn wir jedoch ohne Angriff jemanden auffordern, etwas zu tun oder zu unterlassen, ihm das Gefühl geben, ihn als Menschen nicht zu verachten, und offen sind für Kompromisse, dann haben wir die Chance, eine verständnisvolle Beziehung aufzubauen oder wiederherzustellen und eine unnötige Gewalteskalation durch gegenseitige Verletzungen zu vermeiden.

Punkten werden wir auch durch Fachwissen, das uns Sicherheit beim Argumentieren verleiht und uns vor einer Verunsicherung durch den »Narzissten« schützt. Wir können Sachverhalte erläutern, bewirken möglicherweise Einsicht beim Gegenüber und unterstützen damit einen Prozess, der bestenfalls in einem Konsens endet. Dabei hilft auch die Solidarität mit Gleichgesinnten, die unsere Position und Bedeutsamkeit festigt und unsere Durchschlags- und Überzeugungskraft erhöht.

Ziel ist eine Begegnung auf Augenhöhe, bei der wir uns nicht unterwerfen und kleinmachen, sondern dem anderen aufrecht und in unserer Stärke begegnen. Ob diese Begegnung dann zu einem Erfolg führt, hängt nicht nur von uns ab. Daher ist es gut, unsere Erwartungen nicht allzu hoch zu hängen, um nicht enttäuscht zu werden.

Lieber kleine Schritte, die immer mehr Annäherung bringen, als zu große, die den anderen abschrecken.

GEGEN-
POSITIONEN ZUM
NARZISSMUS

37. Förderliche Macht und Führung

Ich hatte das große Glück, in den 1980er-Jahren mit einem Chef zusammenzuarbeiten, der zwar auch narzisstische Züge hatte, aber seine Macht nicht zur Stabilisierung seines Selbstwertes brauchte. Er führte durch Kompetenz und Verantwortlichkeit. Statt sein Wissen im Sinn eines Herrschaftswissens nur für sich selbst und seinen Ruhm zu nutzen, teilte er es großzügig sowohl mit uns Mitarbeitern als auch mit den Patienten der Klinik. Es gelang ihm, einen Raum zu schaffen, in dem sich Menschen in Angstfreiheit entwickeln konnten. Und zugleich stand die Klinik wirtschaftlich hervorragend da. Das grandios Narzisstische war, dass nicht nur er, sondern wir alle davon überzeugt waren, die Besten zu sein. Hier hätte es kippen können, wären wir nicht bereit gewesen zur Selbstreflexion über uns und unsere Arbeit: Was läuft gut, was sollten wir verändern, und wie müssen wir uns weiterentwickeln? Und wie sieht unser eigener Narzissmus aus? Auf diese Weise wurde vermieden, überheblich zu werden und den Erfolg einzubüßen.

Förderliche Macht ist für alle ein großer Gewinn, denn sie verzichtet auf die Unterwerfung und bewirkt gleichwertige Beziehungen. In dieser Form der Machtausübung geht es nicht um individuelle Interessen und deren Durchsetzung vielleicht sogar auf Kosten anderer, sondern um das Wohl und die Interessen der Gemeinschaft. Sie will keine Sieger und Verlierer, sondern etwas bewegen, eine Entwicklung anstoßen, zu Veränderungen ermutigen. Das Ego dessen, der Macht ausübt, steht nicht im Mittelpunkt, sondern der Inhalt, um den es geht. In der heutigen Zeit klingt das fast wie aus der Welt gefallen. Auch das Konzept der damaligen Klinik gibt es heute leider nicht mehr. Es fiel den Sparmaßnahmen zum Opfer mit der Folge, dass man die Behandlungszeiten extrem verkürzte und sich die inhaltliche Ausgestaltung der Therapie von Grund auf änderte.

Förderliche Machtausübung setzt spezielle menschliche Fähigkeiten voraus, die aber meist im Lauf des Machtzuwachses verloren gehen. Oder wie im Fall des Narzissmus nur ungenügend oder gar nicht angelegt sind:

- Teamgeist im Sinne von Arbeit um des gemeinsamen Erfolgs wegen, anstatt nur auf die eigene Karriere zu schauen.
- Demut im Sinne von Sich-nicht-so-wichtig-Nehmen.
- Das große Ganze im Auge zu haben, statt nur bis zum eigenen Tellerrand zu schauen.
- Sich für das Wohl und die Interessen der Menschen/Wähler einzusetzen.
- Dialog- und Kompromissbereitschaft statt Rechthaberei und autoritären Gebarens.

- > Eine in sich gefestigte Führungspersönlichkeit, die den Verführungen durch Macht und Glorie nicht so schnell erliegt.
- > Ein Selbstwertgefühl, das auch ohne Anhäufung von Macht, Bewunderung und Rampenlicht Stabilität besitzt.

Diese Art der Machtausübung ist jedoch unspektakulär. Sie passt daher nicht in eine laute Welt, in der sie auffallen muss, um Gehör zu bekommen und um Wahlen zu gewinnen. Sie fehlt aber auch oft in Zweierbeziehungen und Familien, wenn diese von narzisstischen Beziehungsmustern geprägt sind.

Und dennoch folgen Menschen immer wieder autoritären und gewaltbereiten Führern. Warum tun sie das? Zimbardo antwortete mit einer Gegenfrage: Welchem Führer würden Sie folgen, Hitler oder Gandhi? Die Antwort: Menschen folgen dem Führer, der in ihrer Zeit für sie bereitsteht.

38. Die Macht loslassen

Macht weckt nicht nur die narzisstischen Anteile im Menschen, sondern macht auch abhängig, weshalb viele Menschen lange, manchmal sogar zu lange an ihrer Machtposition kleben.

Interessant ist daher die Frage, was mit dem charismatischen Führer passiert, wenn seine Machtstellung endet. Ist er fähig, die Macht abzugeben, oder muss er an ihr festhalten, um nicht in Verzweiflung und totale Leere zu fallen? Am Verlust der Macht wird deutlich, wie stark sie das Selbstsystem des »Narzissten« stabilisiert hat.

Der Machtverlust hat eine tödliche Wirkung, wenn der Bedeutungsverlust und die damit verbundene Selbstwertschwächung nicht ins Selbstbild integriert werden können. Der Mensch ist dann völlig destabilisiert, weil er das verliert, was ihn ausmachte und ihm Identität brachte: seine machtvolle Position. Die Folge sind Gefühle wie totale Wertlosigkeit und Scham. Endet die Macht beispielsweise durch das (Renten-)Alter oder weil die eigene Partei die Wahlen nicht gewann, dann ist der Bedeutungsverlust auch immens, muss aber nicht unbedingt als Versagen bewertet werden. Das geschieht jedoch, wenn jemandem vorzeitig die Macht entzogen wird oder er sie aus eigenem Verschulden verliert. Dann kann die Scham überhandnehmen und die Existenzberechtigung infrage gestellt werden: »Was habe ich hier noch verloren, wenn ich so versage?« Als Ausweg bleibt dann oft nur noch der Freitod. Der Fall Möllemann ist ein solches Beispiel. 2003 beging der FDP-Politiker mit großer Wahrscheinlichkeit Selbstmord, nachdem er über ominöse Schmiergeldzahlungen, Parteispenden und Rüstungsdeals gestolpert war und zurücktreten musste.

Das sind sozusagen die Worst Cases, die glücklicherweise nicht die Mehrheit sind. Der Bedeutungsverlust hat für »Narzissten« jedoch immer starke Auswirkungen, weil Macht ihnen Anerkennung und Beachtung gibt, die sie zum Leben brauchen. Fällt sie weg, müssen sie auf anderem Wege selbst für eine Stabilisierung ihres Selbstwertes sorgen. Diese Probleme kennt jeder, der in Rente geht und sich fragt: »Was nun?« Eine sinnvolle Vorbereitung auf die »Zeit nach der Macht« hilft dabei, seelische Untiefen zu umschiffen und neue Kräfte zu mobilisieren.

Es gibt eine Reihe bekannter Menschen, denen es auf dem Höhepunkt ihrer Karriere gelungen ist, sich zurückzuziehen. Da ist beispielsweise der ehemalige Bundespräsident Joachim Gauck, der sein Alter als Grund für den Verzicht auf eine zweite Amtszeit angab, weil er befürchtete, das Amt nicht mehr so ausfüllen zu können, wie er es sich vorstellte. Er ist ein spiritueller Mensch, dem die Macht nicht zum Lebensinhalt geworden ist, geschweige denn seinen persönlichen Wert bestimmt. Dazu ist er viel zu sehr verbunden mit sich selbst, mit Menschen und geistigen Inhalten. Auch glänzte er während seiner Präsidentschaft nicht mit narzisstischen Entgleisungen, wie es bei seinem Vorgänger Christian Wulff der Fall war. Dessen Abgang wurde erzwungen mit allen dazugehörigen schmerzhaften und schamvollen Erfahrungen.

Ein anderes Beispiel ist der 31 Jahre junge Rennfahrer Nico Rossberg, der nach seinem Weltmeistertitel aus dem Geschäft ausstieg. Er wollte immer Weltmeister werden – und das wurde er. Einmal reichte ihm. Seine Priorität ist die Familie, die ihm Sinn und Erfüllung gibt. Mal sehen, ob auch er nach vielen Jahren wieder zurückkommt wie Schumacher, Lauda und andere.

Auch Magdalena Neuner, die Ausnahme-Biathletin, sagte dem Sport Adieu, um eine Familie zu gründen und ein normales Leben ohne permanente Höchstleistungen zu führen. Den Sommer einmal als Sommer zu erleben, ohne Training und körperliche Qual, das wurde zu ihrem Glück.

Eine eindrückliche Geschichte kommt von dem ehemaligen Topmodel der 1980er-Jahre, Renée Toft Simonsen. Ihr gaben innere Anzeichen den Anstoß, aus dem Business auszusteigen, obwohl sie in ihrer Zeit zu den Erfolgreichsten zählte: Panikattacken und eine »Aufmerksamkeits-Allergie«, wie sie es nennt: Ständig im Rampenlicht zu stehen und angesehen zu werden wurde ihr zum Gräuel. Auf der anderen Seite wurde sie immer ehrgeiziger und wollte immer mehr. Sie hatte ihren eigenen Kompass verloren und orientierte sich an Leistungswerten, die nicht ihre waren. Ihre seelische Not führte zu einem rigorosen Ausstieg und einem neuen Lebensgefühl.[53]

53 Johanna Adorjan, *SZ* vom 4./5.2.2017

Es klingt so selbstverständlich, doch es ist gar nicht so leicht, eine Tätigkeit aufzugeben, die man mit Leidenschaft ausübt und in der man seine Fähigkeiten entwickeln und einsetzen kann. Wenn wir auf Macht und den damit verbundenen Erfolg verzichten, sind wir gezwungen, uns neu zu definieren. Wir müssen uns fragen, woran wir jetzt unseren persönlichen Wert festmachen, und die psychischen Defizite aufspüren, die uns daran hindern, auf Applaus und Bestätigung zu verzichten. Es ist kein leichter Weg, besonders für narzisstische Menschen, die ja die Erfolge gerade dazu brauchen, um sich nicht mit sich selbst beschäftigen zu müssen. Doch diese Herausforderung anzunehmen führt am Ende zu persönlichem Wachstum und der Freiheit von narzisstischen Zwängen.

39. Positiv gelebter Narzissmus

Auch in Machtpositionen finden sich viele Menschen mit einem positiven Narzissmus im Sinne eines stabilen Selbstwertgefühls, die zwar auch das Rampenlicht genießen und die Macht anstreben, aber das mit Verstand und Verantwortungsgefühl leben. Sie behalten ihre Menschlichkeit und Beziehungsfähigkeit und verlieren ihre Lebenslust nicht vor lauter narzisstischen Manövern, sondern senden durch ihre herausragende Stellung Gutes aus. Diese Menschen sind ein Segen, und es macht Spaß, sie zu erleben und von ihnen zu hören. Dass sie so unkorrumpierbar sind, macht sie so anziehend.

Zu diesen Menschen wird Michelle Obama gezählt, bis vor Kurzem die First Lady der USA. Sie hat alle bezaubert mit ihrem Lachen, ihrer Nähe zu Menschen, ihrer sprühenden Energie, ihrer Intelligenz und ihrer gesunden Selbstsicherheit ohne Arroganz und Überheblichkeit. Vergleicht man sie mit Melania Trump, der neuen First Lady, dann fallen zuallererst Körperhaltung und Mimik auf. Wo sich Michelle Obama lebendig bewegt, wirkt Melania Trump erstarrt. Im Gesicht von Michelle sieht man ihre Gefühle: Sie lacht, wenn sie sich freut, und weint, wenn sie traurig ist. Im Gesicht von Melania sieht man die Spuren von Schönheits-OPs, von Verlorenheit und einer gefrorenen Traurigkeit. Das Einzige, was sie zeigt, ist ein aufgesetztes Lächeln, das ebenso schnell verschwindet, wie es auftaucht. Das lässt sie künstlich und emotional unnahbar erscheinen, auch wenn sie freundlich zugewandt ist. Michelle dagegen ist zum Anfassen, natürlich und ungekünstelt. Sie hat es geschafft, neben ihrem mächtigen Mann weder unbedeutend zu wirken noch sich in den Vordergrund drängen zu müssen. Im Gegenteil, sie ist eine starke, gestandene Frau, die weiß, was sie kann und wer sie ist.

Das alles macht positiv narzisstische Menschen aus,

zu denen auch Hildegard Hamm-Brücher gezählt werden konnte, die Grande Dame der FDP. Ihre Maxime war, nur ihren Überzeugungen zu folgen. Demokratie bedeutete für sie, das zu tun und für das einzustehen, was sie selbst für richtig hielt. Sie lebte Authentizität statt Selbstverleugnung. Eine vorbildliche Haltung, die ihr viel Sympathie vonseiten der Menschen einbrachte, aber auch Häme, sexistische Aggressivität oder Abqualifizierung durch ihre männlichen Kollegen.[54]

In die Riege der positiv narzisstischen Menschen gehört auch Frank-Walter Steinmeier, der 2017 mit großer Mehrheit zum neuen Bundespräsidenten gewählt wurde. Seine umsichtige, kluge und zurückhaltende Art, gepaart mit Sachverstand und einem ausgleichenden Temperament, machen ihn so beliebt. Menschlichkeit und Liebe zeigte er, als er kurzfristig von seinem Amt als Außenminister pausierte, um seiner Frau eine Niere zu spenden.

Die Sympathiewerte von Politikern steigen in die Höhe, wenn sie menschlich erscheinen und Einfühlung zeigen. Sie kommen dadurch den Wählern näher und vermitteln ihnen das Gefühl, dass auch sie wichtig genommen und gehört werden. Das ist auch die Hoffnung, die in ihn als Bundespräsidenten gesetzt wird.

Ein weiteres Beispiel eines empathischen Politikers

54 Siehe Detlef Esslinger, *SZ* vom 10./11.12.2016

ist Dieter Reiter, der Oberbürgermeister von München, der sich menschlich gibt und direkt vor Ort auftritt, wenn es um Proteste von Flüchtlingen geht oder um den Einsatz für bezahlbaren Wohnraum.

Sie alle verbindet ein positiv gelebter Narzissmus, der sich in einer empathischen Haltung und einem menschlichen Führungsverhalten zeigt.

40. Weisheit versus Rechthaben

Gelassenheit, Besonnenheit und die Akzeptanz von Unterschiedlichkeiten von Menschen und Meinungen, das alles trägt zur Weisheit bei. Allein diese Begriffe zeigen, wie weit weg Narzissmus von Weisheit ist. Narzisstische Menschen können sehr intelligent sein, aber sie sind damit nicht zugleich weise. Ein weiser Mensch hat eine freundliche Gelassenheit, sich die Dinge anzuschauen, ohne sofort über sie zu urteilen. Er kann innerlich einen Schritt zurücktreten und Ereignisse aus der Distanz auf sich wirken lassen. Das bedeutet auch, unterschiedliche Perspektiven einnehmen zu können. Allein das Tempo unterscheidet ihn sehr vom »Narzissten«. Der ist schnell, ungeduldig, getrieben und immer auf Effizienz ausgerichtet. Weisheit dagegen beinhaltet die Fähigkeit zu warten, wenn es nötig ist, und zu handeln, wenn es an der Zeit ist. Weise Menschen überstürzen nichts, sondern nehmen sich Zeit, um alles zu überdenken, verschleppen Dinge aber auch nicht. Zur Weisheit gehören Offenheit für Neues und für verschiedene Sichtweisen, zugleich auch Empathie und Verständnis für den anderen. Weise Menschen müssen sich nicht in den Vordergrund spielen, um besonders aufzufallen, sie wirken allein durch ihre Haltung, Ausstrahlung und Präsenz. Andererseits sind sie fähig, sich ehrlich zu hinterfragen, um ihr Verhalten und ihre Einstellungen zu prüfen und zu verbessern. Ihr Selbstwertgefühl ist genügend stabil, um auch mit Kritik konstruktiv umzugehen und sie nicht abwehren zu müssen. Ihr Umgang mit Gefühlen ist von emotionaler Intelligenz geprägt: Sie kennen ihre Gefühle, können sie benennen und auf eine Weise ausdrücken, dass die Beziehung und das Gegenüber keinen Schaden nehmen. Das verhindert unflätige Wutausbrüche, Pöbeleien und Entwertungen. Weise Menschen können loslassen, denn sie wissen, dass sie weder andere Menschen noch das Leben selbst kontrollieren können. Sie akzeptieren die Unsicherheiten des Lebens, lassen sich aber von negativen Ereignissen nicht völlig aus der Bahn werfen.

Auch ihr Umgang mit Problemen unterscheidet sich grundlegend von dem narzisstischer Menschen, da sie die gesamte Komplexität eines Konflikts zu erfassen versuchen. Daher liegen ihnen auch keine schnellen, platten Lösungen, weil sie wissen, wie stark Dinge miteinander verflochten und dass sie nicht einfach zu verändern sind. Kein Wunder, dass sie die populistischen Vereinfachungen und hetzerischen Parolen ablehnen.

Auch Rechthaberei wird man bei weisen Menschen weniger finden als bei narzisstischen. Für Letztere ist Rechthaben eine existenzielle Notwendigkeit, weil die andere Meinung als Angriff auf die eigene Person erlebt wird. Der Kampf ums Rechthaben ist im Grunde ein Kampf um den Erhalt des positiven Selbstbildes. Rechthaben wird zum Existenzrecht, zum Recht, da zu sein.

Weisheit braucht Austausch, das Gespräch mit anderen Menschen statt des schnellen Konsums von Nachrichten, denn neben den emotionalen Stärken gehört zu einem weisen Menschen auch ein umfassendes und tiefes Wissen um das Leben. Und das wird hauptsächlich in Beziehungen, im Diskurs, in der Auseinandersetzung gewonnen, nicht am Bildschirm. Weisheit kommt nicht automatisch mit dem Alter, sondern muss erworben, eingeübt und vertieft werden. Dennoch spielt der Faktor Alter eine große Rolle. Weisheit geht mit einem positiven Selbstwertgefühl und einer inneren Stabilität einher, Narzissmus ist eine Folge von Selbstwertverletzungen. Mit den Jahren und durch viele positive Erfahrungen können diese Verletzungen gelindert oder durch Therapie überwunden und integriert werden. Damit steigt auch die Fähigkeit zur Weisheit. Leider ist diese Veränderung vielen narzisstischen Menschen nicht möglich, weil ihnen der Mut fehlt, sich ihrem Leid zu stellen. Die Notwendigkeit, sich schützen und verteidigen zu müssen, wird als höher erachtet, und so bleiben sie verhaftet in den vielen narzisstischen Abwehrmustern, die sie nicht weiser und nicht glücklicher machen, sondern nur ein Gefühl von (Schein-)Sicherheit vermitteln.

41. Was bindet uns an die »Narzissten«?

Diese Frage könnte man ganz kurz beantworten: unser eigener Narzissmus. Und damit verbunden unsere Abhängigkeit von Zuwendung und Führung. Die Sehnsucht nach dem starken Mann erwächst daraus ebenso wie das Gefühl, abgehängt zu sein.

Sind wir in der Rolle der »Komplementärnarzissten«, neigen wir dazu, die »Narzissten« zu idealisieren, fördern damit deren Egozentrik und verbleiben in der unterlegenen Position. Als grandiose »Narzissten« suchen wir ihre Nähe und schmücken uns mit ihren Federn. In beiden Fällen profitieren wir vom Glanz der narzisstischen Person, der auf uns zurückfällt. Das ist ein Grund, warum wir immer wieder ihrer Verführungskunst und ihrem Charme erliegen. Und das sogar dann, wenn wir bereits schlimme Erfahrungen mit ihnen gemacht haben, weil sie nicht das hielten, was sie zu Beginn der Begegnung versprochen hatten.

Wir versuchen aber immer wieder von Neuem, ihre Zuwendung und Wertschätzung zu bekommen, bis wir merken, dass hauptsächlich sie das von uns verlangen. Uns bindet im Wesentlichen der Wechsel aus Entwertung und Idealisierung, aus Zurückweisung, Kritik und Vorwürfen auf der einen Seite und Anerkennung, Lob und Überhöhung auf der anderen Seite. Diese Zuckerbrot-und-Peitsche-Zuwendung macht es so schwer, sich zu entfernen, weil wir hoffen, dass es doch noch besser werden könnte. Wir beschönigen alles, was uns in der Beziehung zu den »Narzissten« stört, in der irrigen Hoffnung, sie würden sich ändern, und unsere Situation würde sich bessern. Wir können jedoch ewig warten, es wird nicht passieren, solange keine wirkliche Kommunikation mit ihnen besteht. Solange sie alles von sich weisen und nur nach ihrem eigenen Kompass leben, haben wir keine Chance. Die Unberechenbarkeit der »Narzissten« und unsere Hoffnung auf Besserung machen uns abhängig, mit der Zeit aber auch mürbe.

Was uns darüber hinaus bindet, sind Drohungen, ausgesprochen in dem Moment, in dem wir uns distanzieren und eigenständig werden. Die Drohungen werden zwar selten wahr gemacht, verfehlen aber ihre Wirkung nicht. Sie schüchtern ein und hindern uns daran, uns unabhängig zu machen. Dieser Schritt erfordert nämlich von uns schon ein hohes Maß an Mut und Selbstvertrauen. Sind wir so weit, uns abzunabeln, sind wir einem autonomen Leben schon viel näher gekommen. Danach folgt jedoch der Katzenjammer, weil wir auf die Zuwendung der »Narzissten« verzichten müssen, auch wenn sie rar ist und mit viel Entwertung unserer Person bezahlt werden muss. Je narzisstischer wir sind und je stärker wir auf die Beachtung und Anerkennung angewiesen sind, umso schwerer wird uns dieser Schritt fallen.

Unser eigenes narzisstisches Defizit macht uns so anfällig für die Verführung durch »Narzissten«. Aber auch ihre positive Energie kann uns mitziehen. Wir spürten das durch Martin Schulz, den Kanzlerkandidaten der SPD. Er präsentierte sich als Heilsbringer, brachte neuen Wind in die Partei und hatte hohe Popularitätswerte. Allerdings wurde er sehr idealisiert, was die Gefahr in sich barg, dass er ebenso tief fallen konnte. Die Demontage durch die CDU ließ nicht lange auf sich warten. Was Schulz jedoch möglich machte, war, müde Wähler zu wecken und die Abwanderung zur AfD zu blockieren. Es gelang ihm, den Bürgern Hoffnung und Zuversicht zu vermitteln.

42. Drei Plädoyers

Ein Plädoyer für ein starkes Selbstbewusstsein

»Narzissten« sind eine Herausforderung für unser Selbstwertgefühl. Das ist einerseits unsere Chance, zugleich aber auch eine große Aufgabe. Ein starkes Selbstwertgefühl entwickeln wir nämlich nur, wenn wir bereit sind, unsere eigenen narzisstischen Anteile aufzudecken und uns unseren Verletzungen und Unsicherheiten zu stellen. Das heißt nicht, dass wir das Verhalten der »Narzissten« gutheißen und akzeptieren müssen. Im Gegenteil, es ist wichtig, Grenzen zu setzen und sich gegen Entwertungen und Drohungen zu schützen. Doch auch dazu brauchen wir ein starkes Selbstwertgefühl, das uns dazu befähigt.

In einem ersten Schritt können wir herausfinden, in welchen Bereichen die eigenen Defizite liegen, die den Umgang mit narzisstischen Menschen erschweren oder unmöglich machen. Im zweiten Schritt gilt es, diese Defizite auszugleichen und kluge Strategien für den Umgang zu entwickeln.

Die wesentlichen selbstwertschwachen Reaktionen auf »Narzissten« sind:

- Wir fühlen uns unterlegen, minderwertig und eingeschüchtert.

> Wir bewundern sie.
> Wir bekämpfen sie mit denselben Mitteln der Verachtung und Entwertung.
> Wir verweigern uns.
> Wir resignieren.

Diese Haltungen sind wenig effektiv und zeugen von einem geringen Verantwortungsgefühl für gesellschaftliche Belange. Sie führen entweder ins Desinteresse: »Was soll man schon wählen, hat ja doch keinen Sinn.« Oder man schlägt die Gegenrichtung ein, indem man gegen die Etablierten kämpft und seiner Wut offen »politisch unkorrekt« Ausdruck verleiht. Die Bewunderer wiederum nehmen alles unkritisch hin, beschweren sich aber am Ende, wenn sie sich betrogen fühlen.

Unser Ziel muss sein, nicht in Wut, Angst, Verweigerung oder Resignation stecken zu bleiben, sondern Alternativen zu erarbeiten. Wir müssen handlungsfähig werden und wissen, was wir für uns tun und wie wir unsere Situation verbessern können. Nur nicht im Elend verharren, sondern Wege suchen, wieder herauszukommen.

Folgen wir dem Rat von Michel Foucault: »Wir sollten nicht zu entdecken versuchen, wer wir sind, sondern was wir uns weigern zu sein.« Nur dann können wir Kräfte mobilisieren und Fähigkeiten in uns entdecken, die bisher schlummern. Die Situation und die Auseinandersetzung mit »Narzissten« erfordern das.

Ein Plädoyer für die Demokratie und ein einiges Europa

Von europäischen Politikern hört man zurzeit immer wieder die Aussage, Europa müsse sich enger zusammenschließen und selbstbewusster werden. Es muss mehr für seine Verteidigungsbereitschaft sorgen und darf sich nicht nur von einem unzuverlässigen Amerika abhängig machen. Auch unter der Bevölkerung gibt es immer mehr Initiativen, wie beispielsweise »Die offene Gesellschaft«[55], eine positive Kampagne für unseren demokratisch verfassten Rechtsstaat. Zu täglichen Veranstaltungen in ganz Deutschland werden Menschen eingeladen, zusammenzukommen, miteinander zu reden, zu diskutieren und sich zivilisiert zu streiten über die Frage: Welches Land wollen wir sein? Es geht nicht nur darum, Missstände anzuprangern, sondern auch zu benennen, welche Vorteile wir genießen: den höchsten Lebensstandard, die größte Freiheit und die höchste Sicherheit.

Die Bewegung »Pulse of Europe« setzt sich für ein vereintes, demokratisches Europa ein. »Ein Europa, in dem die Achtung der Menschenwürde, Rechtsstaatlichkeit, freiheitliches Denken und Handeln, Toleranz und Respekt selbstverständliche Grundlagen des Gemeinwesens sind.«[56]

---

55 Welzer https://www.die-offene-gesellschaft.de/home
56 http://pulseofeurope.eu/

Sie erliegen nicht der naiven Hoffnung, es werde schon alles – trotz der antieuropäischen Abschottungstendenzen, trotz Brexit und trotz Trump – gut gehen, sondern fordern auf: »Let's be the Pulse of Europe!« Das ist nicht nur ein Plädoyer für Europa, sondern auch für die Demokratie. Für ein Leben in Freiheit, ohne Willkür, mit Menschenrechten und Meinungsfreiheit und einer freien Presse.

»Menschenrechte sind voraussetzungslos. Sie können und müssen nicht verdient werden. Es gibt keine Bedingungen, die erfüllt sein müssen, damit jemand als Mensch anerkannt und geschützt wird.«[57] Diese Einstellung gehört zu einer offenen Demokratie, denn sie schließt automatisch die Verschiedenheit ein. Während »Narzissten« Andersartigkeit und Vielfalt nicht aushalten und daher ausradieren wollen, geht es in der Demokratie darum, sie hineinzunehmen und zu leben. »Das Dogma des Homogenen«[58] verengt die Welt und grenzt all jene aus, die nicht hineinpassen.

Umso mehr muss man die große Hilfsbereitschaft für die Flüchtlinge als Sternstunde der Demokratie feiern. 10 Prozent der Bevölkerung sind bereit, sich aktiv für sie einzusetzen und zu helfen. Eine unerwartet hohe Zahl!

---

57 Carolin Emcke, »Wir können neu anfangen«, Dankesrede bei der Verleihung des Friedenspreises des Deutschen Buchhandels, *SZ* 24.10.2016
58 ebenda

Eine schlagkräftige Kraft gegen den Rechtspopulismus in der Schweiz ist die politische Bewegung »Operation Libero«, die für erleichterte Einbürgerungsverfahren kämpft und für eine weltoffene, progressive Schweiz steht. Gegründet von Studenten als Reaktion auf das Votum für die Begrenzung der Zuwanderung, ist sie heute eine Organisation mit 3000 Aktivisten.[59]

Der Rechtsruck in Europa und Trump in Amerika sind ein Weckruf! In den USA verleiht die Empörung über Trump der Linken neue Energie und treibt Tausende auf die Straße. Man spricht schon von einer »Herbal Tea Party« – Kräutertee-Party – als Gegenbewegung zur reaktionären Tea Party der Republikaner, die als Reaktion auf die Wahl von Obama entstand.[60] Es ist unabdingbar, der antidemokratischen Entwicklung etwas entgegenzuhalten.

Ein Plädoyer für die Gemeinschaft

Mit Spannung und Angst schauten wir auf die Ergebnisse der Wahlen im Jahr 2017 in Frankreich, den Niederlanden und Deutschland. Hält die EU zusammen, sind wir selbstbewusst genug, um gegenüber Trump und seinen Machenschaften als starker Partner aufzu-

59 Charlotte Theile: Jung, liberal, wütend, *SZ* vom 10.2.2017
60 Sacha Batthyany, *SZ* vom 17.7.2017

treten? Werden wir alles verlieren an Freiheit und Rechten, wie so manche prognostizieren, oder können wir sie erhalten? Viele offene Fragen und viel Unsicherheit.

Zahlreiche Menschen sind heutzutage nicht nur beunruhigt, sondern haben sogar Angst vor Terroranschlägen, vor rechten Gewalttaten und vor der Bedrohung der Demokratie. Diese Ängste können wir uns zwar nicht nehmen, aber wir können für Unterstützung sorgen. Angst hält man leichter in Gemeinschaft aus. Es tut gut zu erfahren, dass andere ähnlich empfinden und dass sie mit denselben Schwierigkeiten kämpfen wie man selbst. Über die eigene Angst zu sprechen, verstanden zu werden und zusammen nach Lösungen zu suchen, das hat eine beruhigende Wirkung. Wir müssen die Angst akzeptieren und dürfen sie nicht kleinreden, denn es gibt viele Gründe, Angst zu haben. Und doch sollte uns die Angst nicht lähmen und handlungsunfähig machen.

Vielleicht werden wir uns in Zukunft Lebensweisheiten angewöhnen, wie es sie in Israel gibt: Bitte denke nicht länger als eine Stunde am Tag an den Terror.[61] Das gelingt jedoch nur, wenn man Hoffnung hat, weil eben auch viel heil ist in unserer Gesellschaft.

61 Prof. Dr. Heinz Bude

43. Nachsatz zu Donald Trump

Während ich dieses Buch schrieb, überschlugen sich die Nachrichten über Donald Trump. Jeden Tag eine neue Schlagzeile über seine Regierungsarbeit, seine Dekrete und seine unbedachten Äußerungen. Meine Beunruhigung stieg wie die vieler anderer, und jede Form des Protests, ob in Amerika oder in anderen Ländern, wirkte wie eine Erleichterung. Sie bildeten eine notwendige Gegenkraft gegen seine gefährlichen Alleingänge.

Nun haben sich auch die Kollegen aus der Psychiatrie- und Psychotherapieszene zu Wort gemeldet. Ich begrüße ihr Statement, das ich deshalb hier abdrucke.

Sie nennen mit keinem Wort eine Diagnose, doch es wird deutlich, wo sie die psychischen Defizite von Donald Trump sehen. Und sie weisen unmissverständlich auf die Gefahren hin, die damit verbunden sind.

Psychiater und Psychotherapeuten warnen vor Trump

An den Herausgeber der *New York Times*

Charles M. Blow warnt davor, dass Mr. Trump ständig die Opposition mit Füßen tritt. Als Psychiater und Psychotherapeuten teilen wir Mr. Blows Sorge.

Die amerikanischen Mental-Health-Organisationen haben bisher geschwiegen, da sie sich an ihr selbst auferlegtes Diktum gebunden fühlten, keine Bewertungen über den Gesundheitszustand öffentlicher Personen abzugeben (die Goldwater-Regel der American Psychiatric Association von 1973). Unser Schweigen hat dazu geführt, dass wir bisher unsere Sachkenntnis nicht den beunruhigten Journalisten und Mitgliedern des Kongresses in dieser kritischen Zeit zur Verfügung gestellt haben. Wir fürchten, dass es um zu viel geht, um weiterhin zu schweigen.

Mr. Trumps Reden und Handlungen zeigen seine Unfähigkeit, andere Ansichten als seine eigenen zu tolerieren, auf die er mit Wutausbrüchen reagiert. Seine Worte und sein Verhalten deuten auf eine tiefe Empathielosigkeit hin. Menschen mit diesen Zügen verzerren die Realität, um sie sich passend zu machen, und wehren sich gegen Tatsachen und gegen diejenigen, die diese Tatsachen vertreten (Journalisten, Wissenschaftler).

In einer machtvollen Führungsposition werden diese Angriffe mit großer Wahrscheinlichkeit so zunehmen, wie sich sein Größenwahn zu bestätigen scheint. Wir glauben, dass die ernste emotionale Instabilität, die durch Mr. Trumps Reden und Handeln deutlich wird, ihn unfähig macht, sein Präsidentenamt verantwortungsvoll auszuführen.

Lance Dodes/Joseph Schachter
Beverly Hills, Kalifornien

Dr. Dodes ist emeritierter klinischer Professor für Psychiatrie an der Harvard Medical School. Dr. Schachter ist ehemaliger Vorsitzender des Committee on Research Proposals, International Psychoanalytic Association.

Eine Version dieses Briefes erschien am 14. Februar 2017 auf der Seite A 26 der New Yorker Ausgabe mit der Überschrift: Eine psychische Gesundheits-Warnung vor Trump.

Am 17. Februar 2017 gab Trump eine Pressekonferenz, auf der er sich so bizarr verhielt und Aussagen machte, die alle Beteiligten mit Fassungslosigkeit zur Kenntnis nahmen. Er bestätigte damit den Text dieses Briefes.

Jake Tapper war entgeistert: »Das ist kein Präsident, der sich für die Bedürfnisse der Menschen in diesem Land interessiert … Für Stahlarbeiter auf Jobsuche. Nein, das ist ein Präsident, der sich nur für sich selbst zu interessieren scheint.«[62]

Auffällig war auch die Verdrehung der Fakten: Im Weißen Haus herrscht nach vier Wochen Regierungszeit Chaos und Führungslosigkeit. Trump behauptet hingegen, alles laufe wie geschmiert. Das stimmt nur, wenn man es unter der Prämisse der Zerstörung der beste-

62 Sacha Batthyany/Reymer Klüver, Trumps erste Bilanz, *SZ* vom 18./19.2.2017

henden Ordnung sieht, nicht aber als Zeichen guter Regierungsarbeit. Auch schien er sich sehr unwohl zu fühlen, Rede und Antwort stehen zu müssen. Fragen nach seiner politischen Strategie nahm er persönlich und rechtfertigte sich als guter Mensch. Diese Reaktionen wirken kindlich und alles andere als einem Präsidenten, dem sogenannten mächtigsten Mann der Welt, angemessen.

Die Fotos, die man von ihm nach der Wahl sah, zeigten keinen glücklichen Gewinner, sondern einen etwas verunsicherten Mann, der nicht recht wusste, wie ihm geschah. Er wirkte plötzlich kleiner, und mir kam die Vermutung, ob er selbst nicht mit seiner Wahl gerechnet hatte und im Grunde gar nicht Präsident werden wollte? Im narzisstischen Universum geht es eher um das Siegen als um das Tragen von Verantwortung. Er wollte unter allen Umständen siegen, aber wollte er auch unter allen Umständen regieren? Kennt er nur einen Wahlkampfmodus und hat daher Mühe, sich präsidentiell zu verhalten? Spürt er vielleicht im Innersten, dass er mit diesem Amt im Grunde überfordert ist? Waren seine massiven Ausrutscher eventuell unbewusste Manöver, um aus dem Rennen der Kandidaten auszuscheiden: die Verhöhnung des behinderten Journalisten und der Eltern des gefallenen Soldaten, seine frauenfeindlichen Aussagen und seine unkontrollierten Beschimpfungen? Aber welche Konsequenzen hätte das für die jetzige Situation? Wird er vielleicht so viel Unheil anrichten, dass er als nicht mehr tragbar gestoppt wird? Dann müsste das sehr bald geschehen, bevor alle Beziehungen auf der Welt infrage gestellt sind und die bisherige Ordnung zerstört ist.

Oder begreift er allmählich, dass sein Wahlkampfmodus nicht mehr trägt und er nun anfangen muss, sich anders zu verhalten?

Mitte März 2017, also fast zwei Monate nach seinem Amtsantritt am 20. Januar, ist der erste heftige Hype vorüber. Trump beherrscht nicht mehr die Titelseiten und die Nachrichten. Auch unterschreibt er Dekrete ohne Beteiligung der Medien. Eine Zeit des Aufatmens, aber wie lange?

Wir wissen, dass narzisstische Strukturen und das daraus resultierende Verhalten von den Betroffenen nur dann kritisch hinterfragt und verändert werden, wenn diese Menschen in eine Krise geraten und spüren, dass sie mit ihrer bisherigen Taktik nicht mehr das bewirken, was ihr Ziel ist, nämlich Bewunderung und Applaus zu bekommen. Kein Präsident hatte kurz nach Amtsantritt so niedrige Zustimmungs- und so hohe Ablehnungswerte wie Donald Trump. Und dabei will er doch glänzen: »Ich werde der größte Job-Präsident sein, den Gott jemals geschaffen hat.« Vielleicht motivieren ihn dieses Ziel und die Einsicht in die Umfragewerte, eine Kehrtwendung einzuleiten.

Besonders fällt Ende März 2017 sein Scheitern bei dem Einreiseverbot für Muslime und bei der Revision von Obama Care ins Gewicht. Viele Republikaner in seiner Partei stimmten gegen seine Entwürfe und ließen ihn blamabel aussehen. Das, was er versprach, nämlich nicht nur Reden zu schwingen, sondern zu handeln, hat er bisher nicht eingelöst. Im Gegenteil, es ist nicht mehr viel übrig von seinen hochtrabenden Ankündigungen.

Es gibt nun zwei Möglichkeiten, wie es weitergeht. Entweder wird er einlenken und sich anders beraten lassen, weil er merkt, dass er mit der harten Linie nicht zum Erfolg kommt. Oder er wird noch radikaler und destruktiver als bisher, um allen zu zeigen, was für ein Mann er ist. Letzteres wäre verhängnisvoll bei seiner politischen Unerfahrenheit.

SCHLUSSSATZ

Wenn die Macht der Liebe über die Liebe zur Macht siegt, wird die Welt Frieden finden.

JIMI HENDRIX

Literaturverzeichnis

Aigner, Raphaela: Formen und Methoden der Sprachmanipulation unter besonderer Berücksichtigung ihrer Anwendung in der Politik. Bundesgymnasium 18, 2008

Berner, Winfried, und Kollegen: Die Umsetzungsberatung. http://www.umsetzungsberatung.de/geschaeftsleitung/machtmissbrauch.php

Bierhoff, Hans-Werner/Herner, Michael Jürgen: Narzissmus – die Wiederkehr. Huber Verlag 2009

Bliesemann de Guevara, Berit/Reiber, Tatjana: Charisma und Herrschaft. Campus 2011

Bude, Heinz: Ständige Bedrohung: Wie wir lernen können, mit der Angst zu leben. In: Brigitte 12/2016

Büschemann, Karl-Heinz: Geld stinkt doch. In: SZ 6.12.2016

Csef, Herbert: Leben wir in einer narzisstischen Gesellschaft? In: IZPP Ausgabe 2/2015. Themenschwerpunkt »Jugend und Alter«

Decker, Oliver/Kiess, Johannes/Brähler, Elmar: Die enthemmte Mitte. Autoritäre und rechtsextreme Einstellung in Deutschland. Die Leipziger »Mitte«-Studien 2016, Psychosozial-Verlag

de Vries, Catherine/Hoffmann, Isabell: Globalisierungsangst oder Wertekonflikt? Wer in Europa populistische Parteien wählt und warum. eupinions | Bertelsmann Stiftung 3/2016

Eidenschink, Klaus: Das narzisstisch infizierte Unternehmen. Zum problematischen Einfluss von Führungskräften mit narzisstischen Persönlichkeitsmerkmalen auf Organisationen. In: Organisationsentwicklung 1, Jg. 2003, S. 4–15

Glück, Judith: Weisheit. Die 5 Prinzipen des gelingenden Lebens. Kösel 2016

Goleman, Daniel: Emotionale Intelligenz. DTV 1997

Greene, Robert: Die 24 Gesetze der Verführung, Hansa 2014

Grüttefien, Sven: http://umgang-mit-narzissten.de/trump-milliardaer-ohne-tabus/

Haller, Reinhard: Die Narzissmusfalle. Ecowin Salzburg 2013

Heine, Matthias: Was Sie über das »Wort des Jahres« wissen müssen. In: Welt N24, veröffentlicht am 9.12.2016

Henn, Monika: Frauen können alles – außer Karriere. Harvard Business Manager, März 2009, S. 56–61

Le Bon, Gustave: Psychologie der Massen. 15. Auflage 1982

Miller, Alice: Das Drama des begabten Kindes und die Suche nach dem wahren Selbst. Suhrkamp 1979

Pantelouris, Michalis: Süddeutsche Zeitung Magazin, H42, Oktober 2014, S. 39

Petermann, Frank: Zur Dynamik narzisstischer Beziehungsstruktur. In: Gestalttherapie. Zeitschrift der

Deutschen Vereinigung für Gestalttherapie Heft 1, 1988, S.31–41

Petermann, Frank: Idealität, Narzissmus, Homosexualität. In: Gestalttherapie. Zeitschrift der Deutschen Vereinigung für Gestalttherapie 1, 1992, S. 61–93

Perls, Frederick S.: Das Ich, der Hunger und die Aggression. Klett Cotta 1987

Rosenberg, Marshall: Gewaltfreie Kommunikation, 10. Aufl. Junfermann 2012

Schmidt-Lellek, Christoph: Charisma, Macht und Narzissmus. Zur Diagnostik einer ambivalenten Führungseigenschaft. In: OSC 11 Fachzeitschrift für Themen von Organisationsberatung, Supervision und Coaching. H.1, 2004, S. 27–40

Schmitz, Michael: Psychologie der Macht. Kriegen, was wir wollen. K&S Wien 2012

Schreyoegg, Astrid: Charismatiker und ihre Nachfolger http://www.schreyoegg.de/content/view/20/33

Singer, Tania/Bolz, Mathias (Hrsg.): Mitgefühl: In Alltag und Forschung. E-Book copyright Max Planck Society, Munich, Germany 2013

Strittmatter, Kai: Beste Feinde. Süddeutsche Zeitung Nr.21 vom 26.1.2017

Tatzl, Gabriele: Massenpsychologie http://homepage.univie.ac.at/gabriele.tatzl/lehre/ReferatMassenpsychologie_14042005.pdf

Twenge & Campbell: Die narzisstische Epidemie 2009

Wardetzki, Bärbel: Weiblicher Narzissmus – Der Hunger nach Anerkennung. Kösel, München 1991, 2007

Wardetzki, Bärbel: Kränkung am Arbeitsplatz. Strategien gegen Missachtung, Gerede und Mobbing. Kösel 2005

Wardetzki, Bärbel: Nimm's bitte nicht persönlich. Der gelassene Umgang mit Kränkungen. Kösel 2012

Wardetzki, Bärbel: Eitle Liebe. Wie narzisstische Beziehungen scheitern oder gelingen können. Kösel 2010

Wardetzki, Bärbel: Blender im Job. Vom klugen Umgang mit narzisstischen Chefs, Kollegen und Mitarbeitern. Scorpio 2015

Willi, Jürg: Die Zweierbeziehung. Spannungsursachen/Störungsmuster/Klärungsprozesse/Lösungsmodelle. Rowohlt 1983

Wirth, Hans-Jürgen: Narzissmus und Macht. Zur Psychoanalyse seelischer Störungen in der Politik. Psychosozial-Verlag 2002

Wolf, Ernest S.: Theorie und Praxis der psychoanalytischen Selbstpsychologie. 1998

Zimbardo, Philip: Der Luzifer-Effekt. Die Macht der Umstände und die Psychologie des Bösen. Springer 2017

Sachregister

Personenregister